KB059472

단단하고 만만하게!
냥냥이랑 어휘로 쏙
사회
이은경, 전예림 지음

어휘
연습장
초등 4·2

학교는 재미있는데, 수업 시간은 좀 별로예요. 어렵고, 지루하고, 딱딱하고, 답답해요. 공부하기 싫어서 그런 것만은 아닌 것 같아요. '오늘은 열심히 해봐야지.', '나도 공부 잘하고 싶어.'라고 굳게 결심한 날에도 수업 시간은 여전히 어렵고, 지루하고, 딱딱하고, 답답하거든요.

대체 나는 왜 이럴까요? 혹시 이런 고민해 본 적 있나요?

수업 시간이 지루하고 힘들어서 빨리 끝나기만을 바라는 우리 친구들의 딱한 표정을 안타깝게 바라보던 냥냥이 친구들이 있었어요. 이 친구들이 모두 모여 오랜 시간 고민한 끝에 드디어 그 이유를 찾아냈지요. 범인은 바로, 교과서 속 어휘! 어휘를 모르니 내용을 이해할 수 없는 거였어요.

우리 친구들이 보는 교과서에는 도저히 무슨 뜻인지 알 수 없는 어휘들이 툭툭 자꾸 튀어나와요. 이제 막 공부라는 것에 도전하려는 우리 친구들에게는 교과서 본문 속 어휘들이 너무나 낯설게 느껴졌을 거예요.

어휘의 뜻만 미리 알고 있었다면 척척 이해되고 기억되었을 내용인데, 겨우 그것 때문에 지금껏 교과서와 친구가 되지 못했다니 억울할 지경이에요.

그래서 냥냥이 친구들이 '짠' 하고 이렇게 나타났어요. 공부를 열심히 해서 시험도 백 점 맞고 싶고, 나만의 소중한 꿈도 이루고 싶고, 오래오래 기억될 훌륭한 사람이 되고 싶은 친구들을 위해 꼭 기억해야 할 어휘를 골라 설명해 주고, 숨은그림찾기, 끝말잇기, 색칠하기 등의 여러 가지 활동을 하면 새롭게 알게 된 어휘를 내 것으로 만들어 버릴 수 있어요.

이제 냥냥이가 이끄는 대로 즐겁게 한 발씩 따라가기만 하면 돼요. 그럼 자연스럽게 수업 시간이 만만하고, 즐겁고, 시간이 후딱 지나가는 제법 해볼 만한 도전이 될 거예요.

새롭고 힘찬 새학기의 시작을 응원하며
냥냥이 친구들이 🐾

이 책의 구성과 특징

어휘의 뜻과 초성을 제시하여 공부해야 하는 개념어를 생각하며 학습할 수 있도록 한다.

물건이 자라나거나 만들어진 곳을 무엇이라고 할까요?

어휘 찾기

🐾 알갓냥이 장을 보러 마트에 왔어요. 마트 곳곳에 단어 카드가 숨겨져 있다는데, 숨어 있는 단어 카드를 찾아서 각각의 앞 글자로 '물건이 자라나거나 만들어진 곳'을 의미하는 어휘를 완성해 보세요.

해당 개념어와 관련된 다양한 형태의 문제를 풀면서 개념어를 재미있고 완벽하게 학습한다.

내가 찾은 어휘는? (   )

정답 114쪽

냥냥이와 스피드 퀴즈

🐾 냥냥이들이 원산지가 다른 식품들에 대한 스피드 퀴즈를 하고 있어요. 원산지 태그를 보고 질문에 답해 주세요.

동남아시아에서 온 음식은?　（　　　　　　）

연어의 원산지는?　（　　　　　　）

국내산인 음식은?　（　　　　　　）

냥냥이와 문장대결　🐾 '원산지'라는 어휘를 넣어 머라냥과 문장 대결을 펼쳐 볼까요?

여러 가지 재료가 혼합된 식품의 경우에는 각 재료별～　 ～로 기별적으로 표기해 주어야 해.

해당 개념어를 사용한 냥냥이의 문장을 보고, 대결하듯이 나도 한 번 만들어 본다.

차례

어휘랑 놀자

01

초 성 퀴 즈

촌락으로 돌아가는 것을 무엇이라고 할까요?

ㄱ　ㅊ

사다리 완성하기

🐾 다음은 초성이 'ㄱ, ㅊ'인 단어들이에요. 각각의 설명에 맞는 사다리를 만들기 위해 가로줄을 추가로 넣어 사다리를 완성해 보세요.

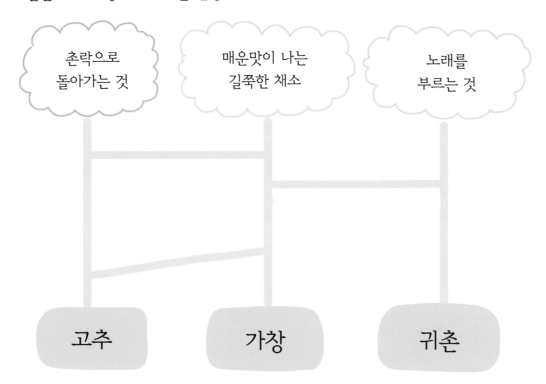

촌락으로
돌아가는 것

매운맛이 나는
길쭉한 채소

노래를
부르는 것

고추

가창

귀촌

더 많은 어휘 떠올리기

오늘 배운 '귀촌'을 이용해 새로운 어휘 만들기 놀이를 해 보기로 해요. '귀'와 '촌'으로 시작하는 어휘에 어떤 것들이 있는지 친구들과 함께 생각해 보고 아래 빈칸에 3개씩 적어 보세요.

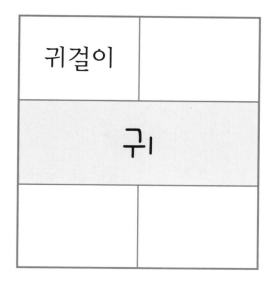
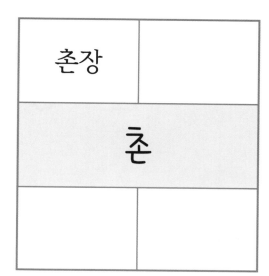

냥냥이와 문장대결

'귀촌'이라는 어휘를 넣어 어쩌냥과 문장 대결을 펼쳐 볼까요?

 귀촌을 희망하는 사람들이 많아지면서 여러 가지 귀촌 지원 프로그램이 생기고 있대.

어휘랑 놀자

02

초 성 퀴 즈

땅을 이용하여 생활에 필요한 식물을 가꾸거나 동물을 기르는 산업을 무엇이라고 할까요?

ㄴ ㅇ ⇒ ☐ ☐

어휘 찾기

🐾 '땅을 이용해 생활에 필요한 식물을 가꾸거나 동물을 기르는 산업'에 해당하는 어휘를 다음에서 찾아 ○표 하세요.

농촌

• 논과 밭에서 곡식이나 채소를 기르는 일 등 농업을 주로 합니다.
• 농촌에는 비닐하우스, 정미소와 같은 농업 관련 시설이 있습니다.

어촌

• 바다에서 물고기를 잡거나 기르고, 김과 미역을 따는 일 등 어업을 주로 합니다.
• 어촌에도 농업에 종사하는 사람들이 있습니다.

정답 108쪽

이미지로 떠올리기

🐾 다음 그림들을 보고 공통적으로 떠오르는 어휘를 쓰세요.

정답:

냥냥이와 문장대결 🐾 '농업'이라는 어휘를 넣어 괜찬냥과 문장 대결을 펼쳐 볼까요?

과거에는 대부분의 사람들이 농업에 종사했대.

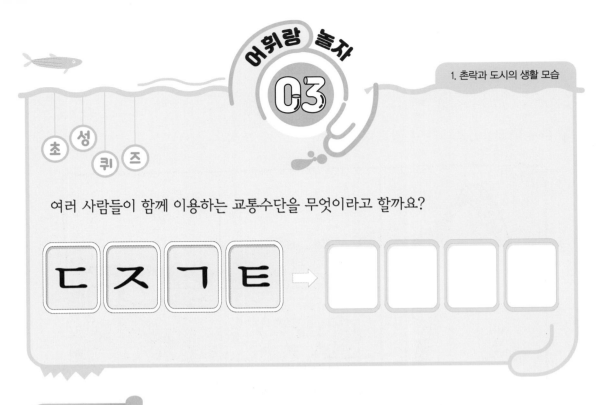

어휘랑 놀자 03

초성퀴즈

여러 사람들이 함께 이용하는 교통수단을 무엇이라고 할까요?

ㄷ ㅈ ㄱ ㅌ → ☐ ☐ ☐ ☐

어휘 찾기

🐾 다음 어휘 퍼즐 속에는 대중교통 2가지와 냥냥이 이름 3개가 숨어 있어요. 어떤 대중교통과 냥냥이가 보이는지 찾아서 ○표 하고 아래에 적어 보세요.

지	터	버	플	와	고	청	시
하	냥	찬	괜	자	박	물	관
철	라	디	오	차	신	버	냥
오	또	스	놀	이	터	짱	뽀
뜨	뽀	글	머	라	냥	달	예
용	달	버	스	예	하	지	만

(1) 내가 찾은 대중교통: _____ , _____

(2) 내가 찾은 냥냥이: _____ , _____ , _____

12

길 찾기

🐾 괜찬냥이 어딘가를 가고 있어요. ○, × 문제를 풀면서 가다가 도착한 괜찬냥의 목적지에 ○표 하세요.

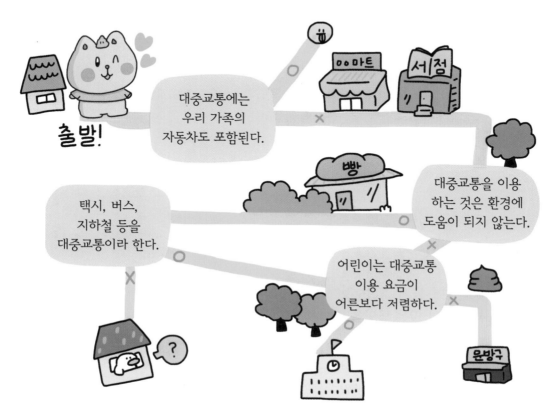

냥냥이와 문장대결 🐾 '대중교통'이라는 어휘를 넣어 모르냥과 문장 대결을 펼쳐 볼까요?

 대중교통은 자가용보다 친환경적이어서 환경 문제 해결에 도움이 돼.

어휘랑 놀자 04

일정한 지역의 정치·경제·문화의 중심이 되는, 사람이 많이 사는 지역을 무엇이라고 할까요?

ㄷ ㅅ → ☐ ☐

숨은 낱말 찾기

🐾 도시에서 많이 볼 수 있는 것에는 파란색을, 촌락에서 많이 볼 수 있는 것에는 노란색을 칠해서 숨어 있는 낱말을 찾아보세요.

밀집한 인구	은행	대형 병원	미역 양식장	비닐 하우스	높은 빌딩	스키장	차가 막히는 도로
버스	고깃배	고기 잡이배	석탄 생산	과수원	지하철 역	염전	도서관
넓은 도로	미술관	공장	논	빽빽한 건물	캠핑장	많은 사람	대형 마트
밭	대중 교통	목장	풍력 발전기	문화 시설	김 양식장	영화관	지하철
박물관	백화점	공공 기관	가축 우리	어촌 체험장	농기계 수리소	정미소	버스 터미널

숨어 있는 낱말: ☐☐

문제 해결 아이디어

🐾 도시에 살고 있는 예쁘냥에게는 이런 고민이 있대요. 이 문제를 어떻게 해결하면 좋을까요? 여러분이 생각하는 해결 방법을 써 보세요.

> 도시에는 차도 많고, 공장도 많아서 미세먼지 농도가 높은 날이 많아. 이 문제를 어떻게 해결하면 좋을까?

냥냥이와 문장대결 🐾 '도시'라는 어휘를 넣어 알갓냥과 문장 대결을 펼쳐 볼까요?

 도시에는 일자리를 찾는 사람들이 많이 모여들고 있어서 인구 밀도가 높아.

어휘랑 놀자

05

1. 촌락과 도시의 생활 모습

초 성 퀴 즈

사람들이 문화를 누리는 데 필요한 시설을 무엇이라고 할까요?

ㅁ ㅎ ㅅ ㅅ →

사행시 완성하기

🐾 친구들의 센스를 알아보는 시간이에요. 초성 퀴즈에서 맞힌 어휘를 가지고 사행시를 완성해 보세요. '문화 시설'과 관련된 의미가 담겨 있다면 더 좋겠죠?

문

화

시

설

꽃잎 완성하기

🐾 문화 시설에서 지켜야 할 내용이 바르게 적혀 있는 꽃잎에만 색칠하세요.

다른 사람과 함께
이용하는 곳이니
예의를 지켜야 해.

미술관에서는
뛰어다니면서
구경해도 괜찮아.

도서관에서
빌린 책은 기한 내에
반납해야 해.

시설 이용 규칙을
잘 확인해야 해.

박물관에
전시된 것들은
허락 없이
만져도 돼.

냥냥이와 문장대결

🐾 '문화 시설'이라는 어휘를 넣어 머라냥과 문장 대결을 펼쳐 볼까요?

 문화 시설에는 도서관, 미술관, 박물관 등이 있어.

_____

_____

어휘랑 놀자 06

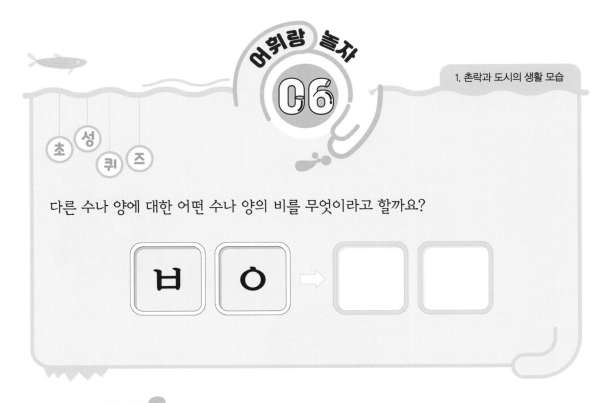

다른 수나 양에 대한 어떤 수나 양의 비를 무엇이라고 할까요?

| ㅂ | ㅇ | → | | |

글자 조합하기

🐾 사과를 좋아하는 예뽀냥이 사과를 따고 있어요. '다른 수나 양에 대한 어떤 수나 양의 비'를 뜻하는 글자가 써 있는 사과를 딸 수 있게 도와주세요. 찾은 글자의 사과를 빨간색으로 칠하고, 바구니에 찾은 어휘를 써 주세요.

수학까지 마스터하기

🐾 다음 냥냥이들의 말을 잘 듣고, 괜찮냥의 질문에 대한 답을 적어 보세요.

A 마을의 어린이 인구 비율은 17%야.

B 마을의 노인 인구 비율은 23%야.

A 마을의 노인 인구와 어린이 인구를 합친 비율은 30%야.

A 마을의 노인 인구 비율은 몇 %일까요?

정답: (   )%

냥냥이와 문장대결

🐾 '비율'이라는 어휘를 넣어 예쁘냥과 문장 대결을 펼쳐 볼까요?

우리 반은 남자 10명, 여자 10명으로 비율이 똑같아.

_____

_____

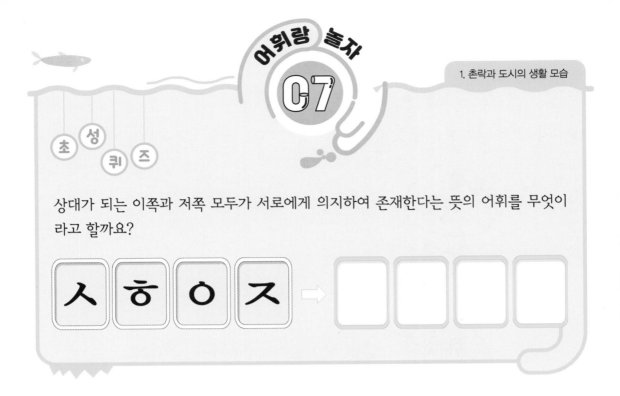

어휘랑 놀자 07

초성 퀴즈

상대가 되는 이쪽과 저쪽 모두가 서로에게 의지하여 존재한다는 뜻의 어휘를 무엇이라고 할까요?

ㅅ ㅎ ㅇ ㅈ ➡ ☐ ☐ ☐ ☐

열기구 색칠하기

다음 중 바른 내용이 적혀 있는 열기구만 뜰 수 있대요. 열기구에 적힌 내용을 읽고 뜰 수 있는 열기구에 색칠하세요.

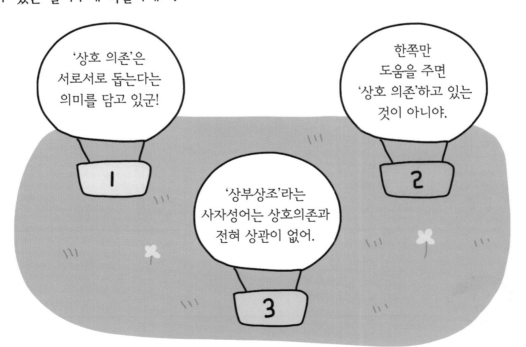

1. '상호 의존'은 서로서로 돕는다는 의미를 담고 있군!

2. 한쪽만 도움을 주면 '상호 의존'하고 있는 것이 아니야.

3. '상부상조'라는 사자성어는 상호의존과 전혀 상관이 없어.

동생에게 설명해 봐!

🐾 '상호 의존'이라는 어휘를 모르는 1학년 동생에게 어휘 설명을 해 주려고 해요. 여러분이라면 어떻게 설명할지 말풍선에 적어 보세요.

상호 의존이
무슨 뜻이에요?

냥냥이와 문장대결 🐾 '상호 의존'이라는 어휘를 넣어 어쩌냥과 문장 대결을 펼쳐 볼까요?

 도시와 농촌은 서로 교류하며 상호 의존하고 있어.

어휘랑 놀자 08

초 성 퀴 즈

일한 결과로 얻은 정신적, 물질적 이익을 무엇이라고 할까요?

ㅅ ㄷ →

자음과 모음 조합하기

🐾 냥냥이들이 가지고 있는 자음, 모음 카드를 조합해서 '일한 결과로 얻은 정신적, 물질적 이익'을 뜻하는 단어를 만들어 보세요.

완성한 단어: (   )

냥냥이와 가위바위보!

🐾 예쁘냥과 머라냥이 가위바위보를 하려고 해요. 두 냥냥이는 바른 설명에 해당하는 것을 낼 수 있어요. 가위바위보에서 이긴 냥냥이에 ○표 하세요.

	✊	소득과 소비는 비슷한 뜻이다. (○, X)
	✌	회사에서 일하고 받은 월급은 소득이다. (○, X)
	✋	소득보다 소비가 더 많아야 돈을 모을 수 있다. (○, X)
	✊	용돈으로 맛있는 아이스크림을 산 것은 소비이다. (○, X)

냥냥이와 문장대결

🐾 '소득'이라는 어휘를 넣어 괜찮냥과 문장 대결을 펼쳐 볼까요?

 촌락에서는 농산물을 판매해서 소득을 얻기도 해.

_____

_____

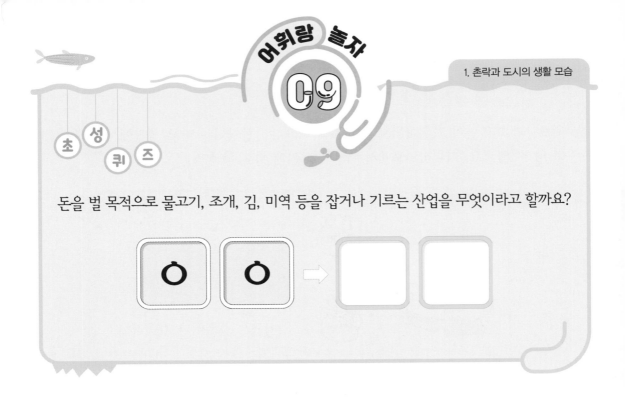

어휘랑 놀자 09

초성퀴즈

돈을 벌 목적으로 물고기, 조개, 김, 미역 등을 잡거나 기르는 산업을 무엇이라고 할까요?

ㅇ ㅇ → □ □

어떤 것이 떠올라?

🐾 '어업'이라는 어휘를 배웠는데, 이 어휘를 들으면 머릿속에 떠오르는 장면이 있나요?
아래 힌트를 참고해서 그 장면을 멋지게 그려 주세요.

힌트   배, 그물, 양식장, 장화, 바다

어업 관련 그림 찾기

🐾 다음 5개의 그림 카드 중에서 '어업'에 어울리는 그림 카드에 ○표 하세요.

① (   )   ② (   )   ③ (   )

④ (   )   ⑤ (   )

냥냥이와 문장대결 🐾 '어업'이라는 어휘를 넣어 모르냥과 문장 대결을 펼쳐 볼까요?

 어업이 발달하면서 어선의 종류와 크기가 다양해졌어.

_____

_____

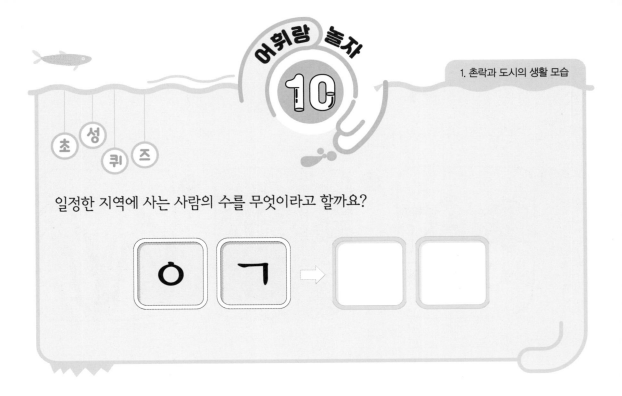

어휘랑 놀자

10

초 성 퀴 즈

일정한 지역에 사는 사람의 수를 무엇이라고 할까요?

ㅇ ㄱ →

초성을 보고 어휘 만들기

🐾 주어진 초성을 보고 어휘를 만드는 놀이를 하고 있어요. 친구들의 어휘 실력은 얼마나 풍부한지 알아볼까요? 할 수 있는 만큼 빈칸을 채워 보세요.

인구

ㅇㄱ

26

이젠 세계로!

🐾 다음은 세계 여러 나라의 인구수를 나타낸 카드예요. 카드를 보면서 아래 문제의 답을 써 보세요.

대한민국	호주	베트남	프랑스	아르헨티나

약 5,160만 명	약 2,610만 명	약 9,810만 명	약 6,460만 명	약 4,550만 명

문제	답
(1) 5개 나라 중 우리나라와 가장 인구수가 비슷한 나라는?	
(2) 5개 나라 중 가장 인구가 많은 나라는?	
(3) 5개 나라 중 가장 인구가 적은 나라는?	

냥냥이와 문장대결 🐾 '인구'라는 어휘를 넣어 알갓냥과 문장 대결을 펼쳐 볼까요?

 인구가 가장 많은 대륙은 아시아로 세계 인구의 약 60%가 살고 있다고 해.

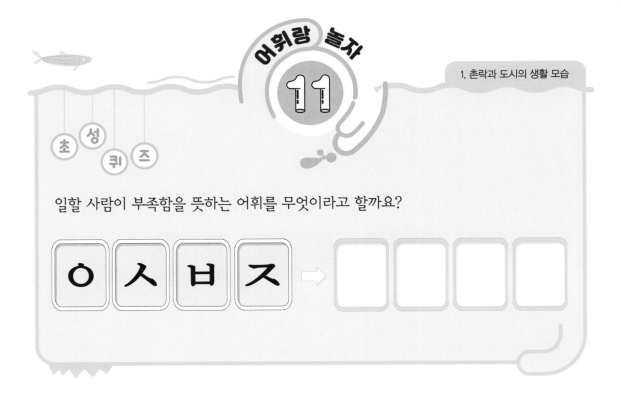

어휘랑 놀자 11

1. 촌락과 도시의 생활 모습

초성퀴즈

일할 사람이 부족함을 뜻하는 어휘를 무엇이라고 할까요?

ㅇ ㅅ ㅂ ㅈ → □ □ □ □

이어질 내용 상상하기

🐾 냥냥이가 일기를 쓰다가 잠들었네요. 우리 친구들이 나머지 내용을 상상해서 이어 써 주세요.

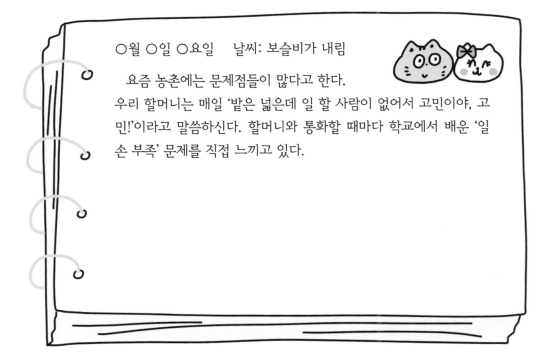

○월 ○일 ○요일   날씨: 보슬비가 내림

　요즘 농촌에는 문제점들이 많다고 한다.
우리 할머니는 매일 '밭은 넓은데 일 할 사람이 없어서 고민이야, 고민!'이라고 말씀하신다. 할머니와 통화할 때마다 학교에서 배운 '일손 부족' 문제를 직접 느끼고 있다.

28

넌센스 퀴즈

🐾 다음 그림이 설명하고 있는 어휘는 무엇일까요? 참고로 넌센스 퀴즈니까 감안해서 문제를 풀어 주세요.

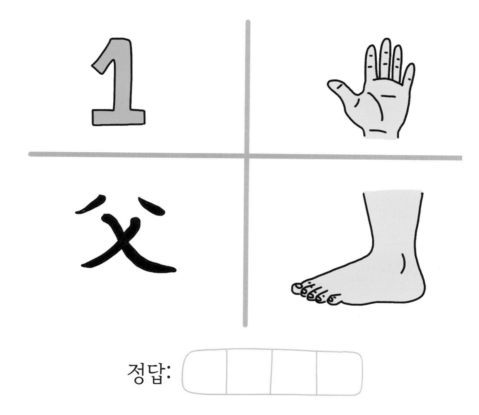

정답: ☐☐☐☐

 냥냥이와 문장대결 🐾 '일손 부족'이라는 어휘를 넣어 머라냥과 문장 대결을 펼쳐 볼까요?

 복지 센터 등의 기관에서는 일손 부족 문제를 해결하기 위해서 자원 봉사자들을 모집하기도 해.

_____

_____

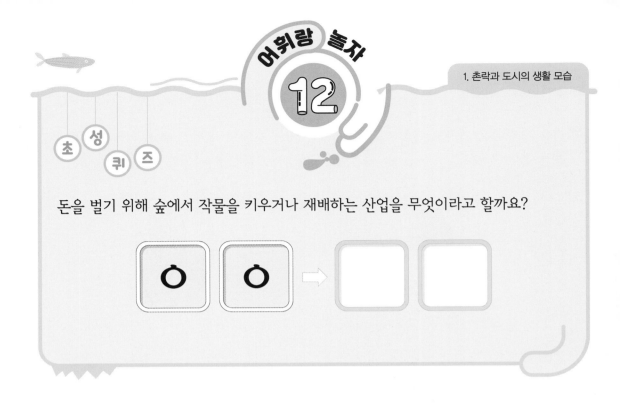

어휘랑 놀자 12

초성 퀴즈

돈을 벌기 위해 숲에서 작물을 키우거나 재배하는 산업을 무엇이라고 할까요?

ㅇ   ㅇ   →   □   □

내 머릿속 임업이란?

🐾 초성 퀴즈에서 '임업'에 대해 배웠지요? 자주 쓰는 어휘는 아니지만 이젠 '임업' 하면 머릿속에 어떤 이미지가 그려질 거예요. '임업' 하면 떠오르는 이미지를 간단히 그려 보세요.

어휘 찾기

'임'과 '업'으로 시작하는 어휘를 각각 3개씩 적어 보세요.

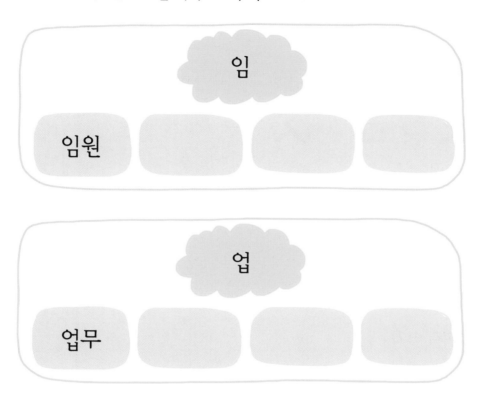

임

임원

업

업무

냥냥이와 문장대결

'임업'이라는 어휘를 넣어 예쁘냥과 문장 대결을 펼쳐 볼까요?

숲이나 산림에서 목재를 베거나 버섯을 키우는 것 등이 임업이야.

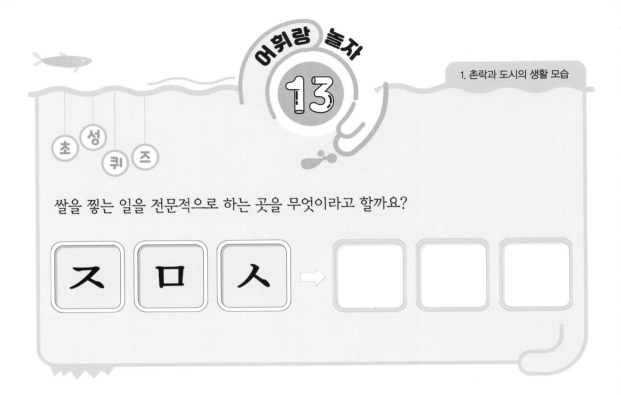

어휘랑 놀자

13

1. 촌락과 도시의 생활 모습

초 성 퀴 즈

쌀을 찧는 일을 전문적으로 하는 곳을 무엇이라고 할까요?

ㅈ   ㅁ   ㅅ   →   ☐ ☐ ☐

한자 따라 쓰기

🐾 '정미소'는 '쌀'을 찧는 일을 전문적으로 하는 곳인데, 그중 '미' 자가 '쌀'을 뜻하는 한자
예요. 글자를 쓰면서 익혀 보세요.

米	米	米	米		
쌀 미	쌀 미				

미션에 성공한 냥냥이는?

🐾 냥냥이 친구들이 농업 체험 학습을 떠났어요. 선생님의 미션은 '쌀을 찧는 일을 전문으로 하는 곳'을 찾아오라는 것이었어요. 어떤 냥냥이가 미션에 성공했을까요?

| 알갓냥 | 예쁘냥 | 머라냥 | 어쩌냥 |

미션 장소를 제대로 찾은 냥냥이는? ☐☐☐

냥냥이와 문장대결 🐾 '정미소'라는 어휘를 넣어 어쩌냥과 문장 대결을 펼쳐 볼까요?

 수확한 벼를 건조시킨 다음 정미소에서 찧어서 쌀로 만드는 거야.

 _____

초 성 퀴 즈

중간에 다른 사람을 거치지 않고, 사는 사람과 파는 사람이 직접 거래하는 시장을 무엇이라고 할까요?

ㅈ ㄱ ㄹ ㅈ ㅌ

⇨ □ □ □ □ □

개념 이해하기

🐾 다음 설명이 맞으면 '맞다'에, 틀리면 '틀리다'에 ∨표 하세요.

직거래 장터는 파는 사람과
사는 사람이 직접 만나는 시장이다.

맞다　　틀리다

농산물 직거래 장터는 더 싱싱한
농산물을 싼값에 살 수 있다.

맞다　　틀리다

대형 마트는
직거래 장터이다.

맞다　　틀리다

사는 사람과 파는 사람 사이에
다른 사람이 개입하면
직거래 장터라고 할 수 없다.

맞다　　틀리다

3줄 쓰기

🐾 '직거래 장터'를 주제로 3줄 쓰기를 해 볼까요? 첫 번째 문장은 알갓냥이 썼어요. 그 글에 이어서 자유롭게 써 보세요.

내일은 학교에서 직거래 장터 체험을 위해 '알뜰시장'을 열기로 한 날이다.

냥냥이와 문장대결 🐾 '직거래 장터'라는 어휘를 넣어 괜찬냥과 문장 대결을 펼쳐 볼까요?

우리 주변에서도 찾아보면 직거래 장터를 쉽게 발견할 수 있어.

어휘랑 놀자 15

초 성 퀴 즈

수준이 높고 시대를 앞서가는 과학 기술을 무엇이라고 할까요?

ㅊ ㄷ ㄱ ㅅ →

그림 글자 만들기

🐾 '첨단 기술'의 의미를 잘 이해했나요? 그 의미를 글자에 담아 아래 예시처럼 디자인해 보세요.

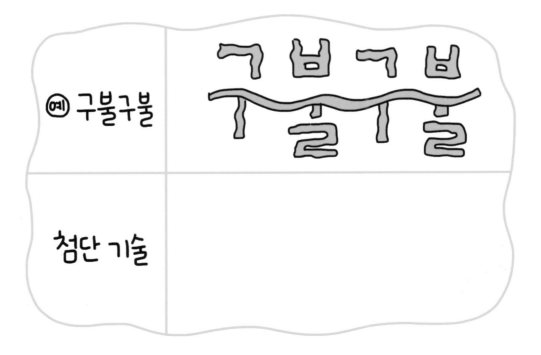

예 구불구불

첨단 기술

미래 상상하기

🐾 30년 전만 해도 이렇게 과학 기술이 발전할지 아무도 예상하지 못했대요. 스마트폰을 들고 다니며 자연스럽게 영상을 보는 것도, AI 로봇에게 날씨를 알려달라고 물어보는 것도 상상할 수 없는 일이었지요. 그렇다면 지금부터 20년 후에 우리는 어떤 모습으로 살고 있을까요? 상상한 것을 자유롭게 표현해 보세요.

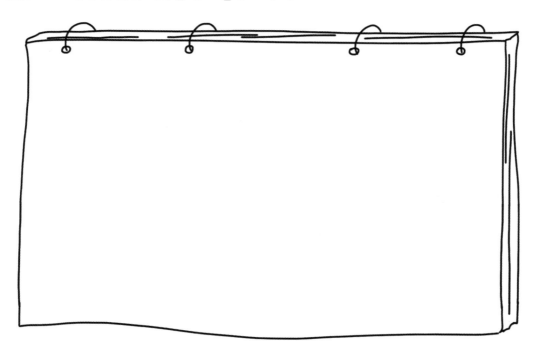

냥냥이와 문장대결

🐾 '첨단 기술'이라는 어휘를 넣어 모르냥과 문장 대결을 펼쳐 볼까요?

 첨단 기술이 발달하면서 우리의 생활도 더 편리해지고 있어.

어휘랑 놀자 16

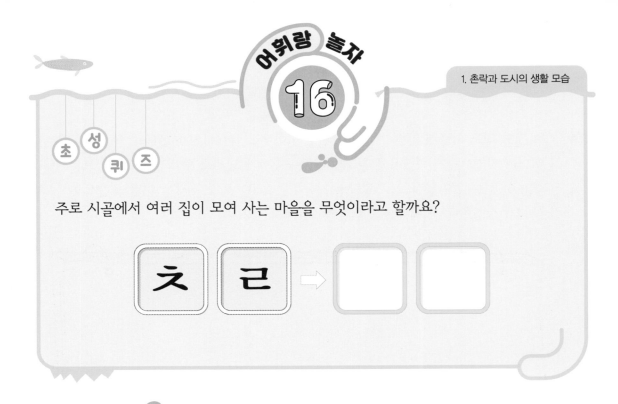

초성퀴즈

주로 시골에서 여러 집이 모여 사는 마을을 무엇이라고 할까요?

ㅊ ㄹ → ☐ ☐

촌락에 가면

촌락에 가면 볼 수 있는 것을 이용해서 '시장에 가면' 놀이를 해 볼까요? (   ) 안에
알맞은 말을 써 넣으세요.

촌락에 가면
트랙터도 있고,

→

촌락에 가면
트랙터도 있고,
(   )도 있고,

→

촌락에 가면
트랙터도 있고, (   )도
있고, 마을 회관도 있고,

촌락에 가면 트랙터도 있고,
(   )도 있고, 마을 회관도 있고,
(   )도 있고, (   )도 있고,

←

촌락에 가면 트랙터도 있고,
(   )도 있고, 마을 회관도 있고,
(   )도 있고,

←

촌락은 어떤 생산 활동을 주로 하며 살아가는지에 따라 농촌, 어촌, 산지촌으로 구분할 수 있어요. 농촌, 어촌, 산지촌에 대한 바른 설명을 찾아 선으로 연결해 보세요.

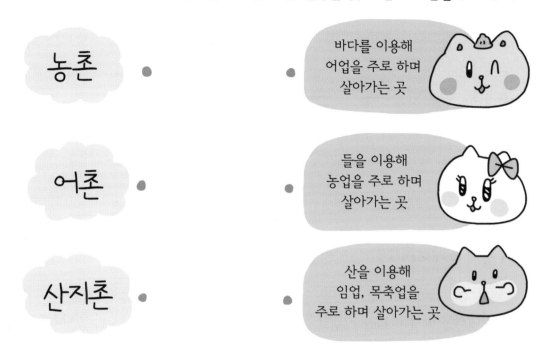

농촌 •

어촌 •

산지촌 •

• 바다를 이용해 어업을 주로 하며 살아가는 곳

• 들을 이용해 농업을 주로 하며 살아가는 곳

• 산을 이용해 임업, 목축업을 주로 하며 살아가는 곳

냥냥이와 문장대결 '촌락'이라는 어휘를 넣어 알갓냥과 문장 대결을 펼쳐 볼까요?

자연환경을 이용해서 살아가는 곳을 촌락이라고 해.

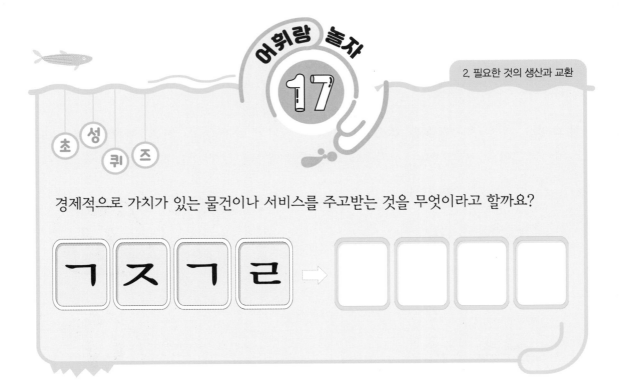

어휘랑 놀자

17

2. 필요한 것의 생산과 교환

초 성 퀴 즈

경제적으로 가치가 있는 물건이나 서비스를 주고받는 것을 무엇이라고 할까요?

ㄱ ㅈ ㄱ ㄹ ➡ ☐ ☐ ☐ ☐

우리 동네 소개하기

'경제 교류'는 경제적으로 가치가 있는 물건이나 서비스를 주고받는 것을 의미한다고 했죠? 여러분이 살고 있는 지역에는 경제 교류를 할 수 있는 특산물이 있나요? 어쩌냥 과 머라냥의 소개 글을 보고 여러분들도 지역 특산물을 소개해 주세요.

내가 살고 있는 지역	가치 있는 물건 또는 서비스
인천 강화도	달달하고 아삭한 순무가 유명해. 그리고 날씨가 추워지면 속노 랑고구마를 사러 사람들이 많이 찾아와.
부산 기장	전국적으로 유명한 기장 미역이 우리 지역 특산물이야. 옛날에 는 임금님의 수라상에 올라갔다고 해.

원산지를 찾아봐!

우리 주변에는 경제 교류를 통해 외국에서 수입된 물건들이 많아요. 여러분이 가진 물건의 상품 정보를 살펴보고 어느 나라에서 온 물건인지 찾아 머라냥의 말풍선에 써 보세요.

냥냥이와 문장대결

'경제 교류'라는 어휘를 넣어 머라냥과 문장 대결을 펼쳐 볼까요?

 경제 교류를 하면 양쪽 모두 이익을 얻을 수 있어.

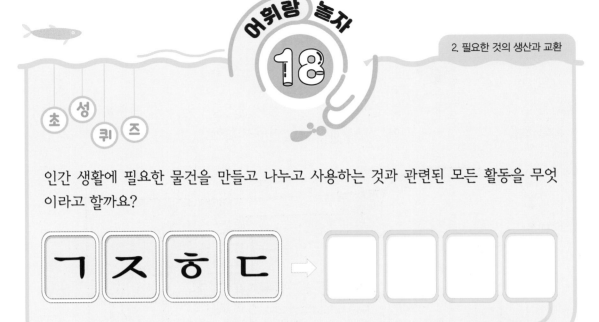

어휘랑 놀자 18

초 성 퀴 즈

인간 생활에 필요한 물건을 만들고 나누고 사용하는 것과 관련된 모든 활동을 무엇이라고 할까요?

ㄱ ㅈ ㅎ ㄷ →

나무 완성하기

🐾 가지만 있는 나무에 다양한 모양의 잎과 꽃을 그리고 예쁘게 색칠해서 나무를 완성해 주세요. 그리고 각각의 잎에 '경제 활동'과 관련된 단어를 쓰세요.

정답 112쪽

자신만만 어휘 대결

우리가 평소에 사용하는 말 중 '활동'이 들어가는 말에는 어떤 것이 있을까요? 냥냥이들과 한판 대결을 펼쳐 보세요.

나부터 할게.
봉사 활동

그렇다면 나는,
_____

제법인걸?
사전 활동

또 뭐가 있을까?
_____

음, 이 말이 있지.
독서 활동

와, 대단해!
_____

냥냥이와 문장대결

'경제 활동'이라는 어휘를 넣어 예쁘냥과 문장 대결을 펼쳐 볼까요?

우리가 살아가면서 하는 모든 소비 활동과 생산 활동이 경제 활동이야.
_____

_____

어휘랑 놀자 19

초 성 퀴 즈

제품을 만드는 데 참여한 모두에게 혜택이 동등하게 돌아가도록 이루어지는 무역을 무엇이라고 할까요?

ㄱ ㅈ ㅁ ㅇ → ☐ ☐ ☐ ☐

만화 완성하기

🐾 공정 무역과 관련된 만화를 보고 만화의 마지막 컷을 여러분이 완성해 주세요.

캠페인 문구 만들기

🐾 많은 사람들에게 공정 무역을 홍보하는 캠페인 문구를 만들어 보세요.

냥냥이와 문장대결

🐾 '공정 무역'이라는 어휘를 넣어 어쩌냥과 문장 대결을 펼쳐 볼까요?

 조금 비싸더라도 공정 무역 제품을 사용하는 일에 동참하기로 하자.

어휘랑 놀자 20

초성 퀴즈

일이 되어가는 경로를 무엇이라고 할까요?

ㄱ ㅈ →

공통 어휘 찾기

냥냥이들의 대화를 읽고, 빈칸에 공통으로 들어갈 어휘를 써 보세요.

아무도 안 보니까 수학 문제집의 답지를 보고 문제를 풀자!

안돼! 선생님께서는 결과뿐만 아니라 ( )이 중요하다고 하셨어. 나는 반대야.

맞아. 우리 선생님께서도 수학 문제를 푸는 ( )에서 생각하는 힘이 생겨난다고 하셨어. 나도 반대!

정답: ( )

다음은 케이크를 만드는 과정을 나타낸 카드예요. 순서대로 바르게 배열되도록 번호를 써 넣으세요.

( ) → ( ) → ( ) → ( )

냥냥이와 문장대결   '과정'이라는 어휘를 넣어 괜찬냥과 문장 대결을 펼쳐 볼까요?

만드는 과정은 힘들었지만 작품을 완성하니 성취감이 들어.

47

어휘랑 놀자 21

어떤 일에 대처할 방안을 무엇이라고 할까요?

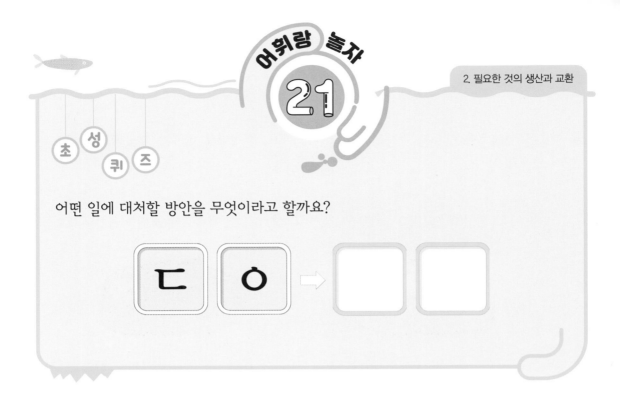

고민 해결사가 되어 줘!

🐾 모르냥이 걱정스러운 표정을 하고 있네요. 여러분이 모르냥의 고민에 대안을 제시해서
고민 해결사가 되어 주세요.

🐾 괜찬냥의 집안 풍경에서 오늘 공부한 '대'와 '안' 글자를 찾아서 ○표 해 보세요.

냥냥이와 문장대결 🐾 '대안'이라는 어휘를 넣어 알갓냥과 문장 대결을 펼쳐 볼까요?

 어떤 일의 대안을 미리 생각해 놓으면 당황하지 않게 돼.

 _____

49

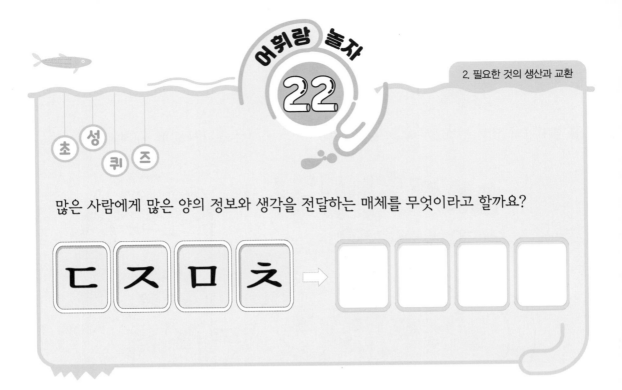

어휘랑 놀자

22

2. 필요한 것의 생산과 교환

초 성 퀴 즈

많은 사람에게 많은 양의 정보와 생각을 전달하는 매체를 무엇이라고 할까요?

ㄷ ㅈ ㅁ ㅊ →

원반 끝말잇기

🐾 머라냥이 체육 시간에 원반을 밟고 건너는 놀이를 하고 있어요. 원반을 밟으며 끝말잇기 게임을 해 보세요. (글자 수는 상관없어요.)

출발

대중매체

도착

정답 112쪽

숫자 연결하기

🐾 숫자 순서대로 선을 연결했을 때 어떤 대중매체가 보이는지 쓰세요.

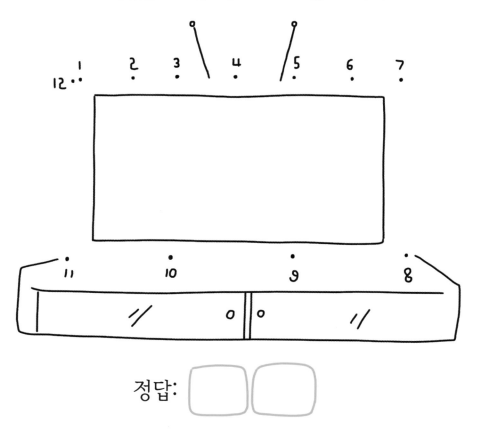

정답: ▢ ▢

냥냥이와 문장대결 🐾 '대중매체'라는 어휘를 넣어 모르냥과 문장 대결을 펼쳐 볼까요?

 우리는 대중매체를 통해 여러 가지 정보를 얻을 수 있어.

_____

_____

51

어휘랑 놀자 23

초 성 퀴 즈

마음에 모자람없이 충분히 흡족함을 느끼는 감정을 무엇이라고 할까요?

| ㅁ | ㅈ | ㄱ | → | | | |

이모티콘 작가가 되어 봐!

🐾 이모티콘 작가가 되어 여러 가지 감정을 표현하는 이모티콘을 만들어 보세요.

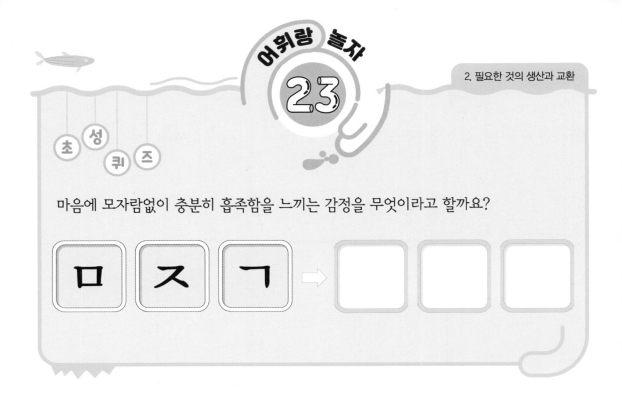

만족감	실망감	

뇌 구조 그리기

🐾 아래 머리 모양에 칸을 나누고 내용을 적어서 내가 가장 만족감을 느낄 수 있는 뇌 구조를 완성해 보세요.

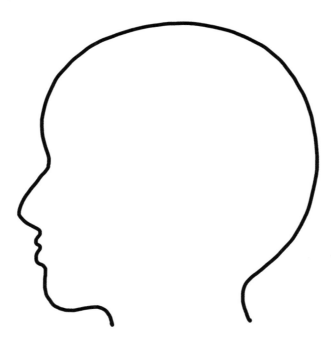

냥냥이와 문장대결
🐾 '만족감'이라는 어휘를 넣어 머라냥과 문장 대결을 펼쳐 볼까요?

 미술 작품을 만들 땐 스스로 만족감이 들 때까지 정성을 들여야 해.

어휘랑 놀자

24

초 성 퀴 즈

사고파는 물품을 무엇이라고 할까요?

ㅅ ㅍ →

나만의 상점 만들기

여러분만의 상점을 경영한다면 어떤 물건들을 팔고 싶은가요? 여러분이 상점의 주인이 되어 팔고 싶은 상품들을 그려 보고, 상품명과 가격을 정해 보세요.

봉지 과자
1500원

색연필
800원

벌집 모양 끝말잇기

🐾 한 줄 끝말잇기는 이제 시시하다고요? 그럼 앞말도 이어 보고 끝말로도 이어 보세요.

금상   상품   품성   공장   장군
  상   품

냥냥이와 문장대결   🐾 '상품'이라는 어휘를 넣어 예쁘냥과 문장 대결을 펼쳐 볼까요?

현명한 소비를 위해서는 상품 정보를 확인하고 구매해야 해.

어휘랑 놀자

25

초 성 퀴 즈

인간이 생활하는 데 필요한 각종 물건을 만들어내는 것을 무엇이라고 할까요?

ㅅ ㅅ → ☐ ☐

계단 오르기

🐾 계단을 한 칸씩 오르면서 각각의 계단에 써 있는 예시들을 살펴보고, '인간이 생활하는 데 필요한 물건을 만들어내는 것'을 뜻하는 낱말을 찾아서 써 보세요.

이것들은 무엇의 예시일까요?

카페에서 시원한 음료를 만들어 팔아요.

베이커리에서 빵을 만들어요.

공장에서 운동화를 만들어요.

출발

정답: ☐☐

정답 113쪽

단어 찾기

🐾 다음 설명을 읽고 맞으면 ○, 틀리면 ×를 선택하여 찾은 글자를 원 안에 쓴 다음, 두
글자를 합쳐 찾은 단어를 적어 보세요.

기업은 생산 활동을
통해 이윤을 얻는다.

○ → 생
× → 선

용돈을 쓰는 것은
생산 활동이다.

○ → 물
× → 산

찾은 단어는? (   )

냥냥이와 문장대결 🐾 '생산'이라는 어휘를 넣어 어쩌냥과 문장 대결을 펼쳐 볼까요?

기업은 생산 활동을 통해 이윤을 얻고, 임금을 지불해.

_____

_____

어휘랑 놀자 26

초 성 퀴 즈

사람들의 생활을 편리하게 도와주고 만족감을 주는 활동을 무엇이라고 할까요?

ㅅ ㅂ ㅅ →

길 찾기

🐾 예쁘냥이 어딘가로 신나게 가고 있어요. 예쁘냥이 가는 길에 있는 문제들을 함께 풀면서 길을 잘 찾을 수 있게 도와주고, 도착한 곳이 어디인지 ○표 하세요.

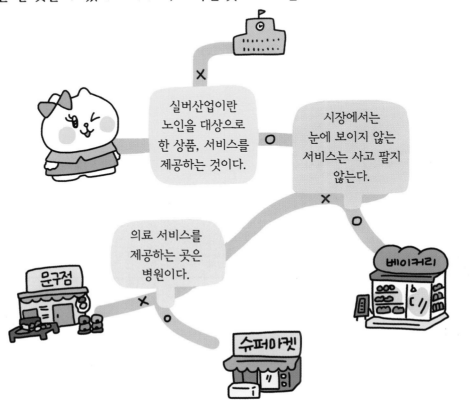

실버산업이란 노인을 대상으로 한 상품, 서비스를 제공하는 것이다.

시장에서는 눈에 보이지 않는 서비스는 사고 팔지 않는다.

의료 서비스를 제공하는 곳은 병원이다.

영어 단어 순서 배열하기

머라냥이 가지고 있는 풍선에 적힌 알파벳을 바르게 배열하여 '서비스'를 영어로 써 보세요.

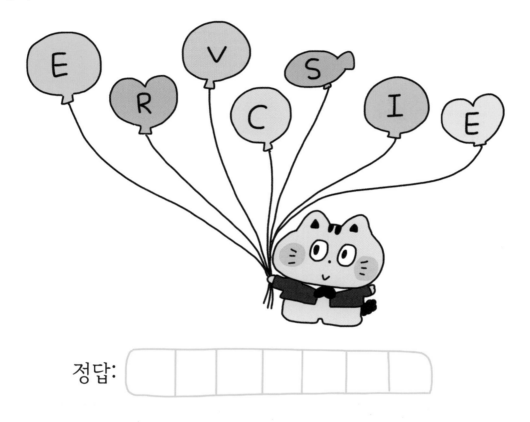

정답:

냥냥이와 문장대결

'서비스'라는 어휘를 넣어 괜찬냥과 문장 대결을 펼쳐 볼까요?

 정부에서는 국민들의 행복한 삶을 위해 다양한 서비스를 제공하고 있어.

어휘랑 놀자 27

초 성 퀴 즈

여럿 가운데서 필요한 것을 골라 뽑는 것을 무엇이라고 할까요?

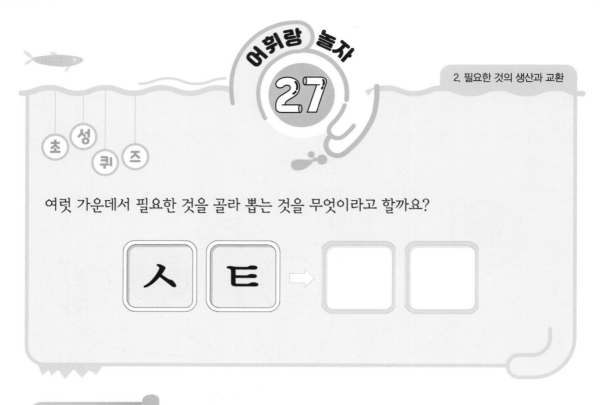

| ㅅ | ㅌ | ⇒ | | |

밸런스 게임

🐾 냥냥이들이 요즘 시간 날 때마다 하는 '밸런스 게임'이에요. 여러분의 선택에 동그라미를 해 보세요.

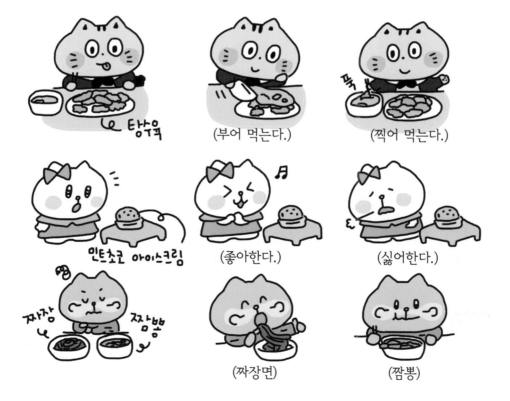

탕수육 (부어 먹는다.) (찍어 먹는다.)

민트초코 아이스크림 (좋아한다.) (싫어한다.)

짜장 짬뽕 (짜장면) (짬뽕)

나의 선택은?

🐾 내일까지 해 가야 할 글짓기 숙제를 아직 하지 않았는데 너무 졸려요. 여러분이라면 숙제를 하고 잘 것인가요, 아니면 하지 않고 그냥 잘 것인가요? 둘 중 하나를 선택한 다음, 그 까닭도 적어 주세요.

> 나는 (숙제를 하고 자는 것 / 그냥 자는 것)을 선택할 것입니다.

왜냐하면,

냥냥이와 문장대결

🐾 '선택'이라는 어휘를 넣어 모르냥과 문장 대결을 펼쳐 볼까요?

이번 여름방학에 산에 갈지 바다에 갈지 선택해야 하는데, 너무 어려워.

61

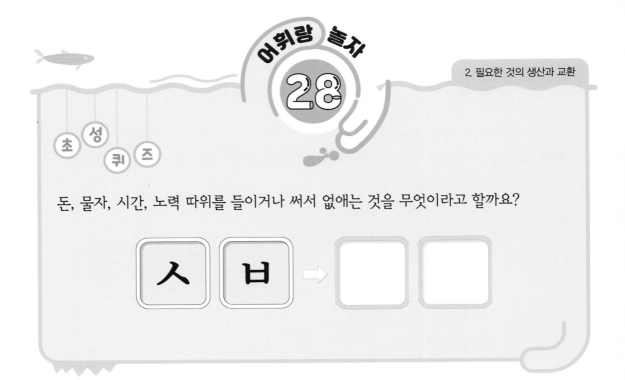

어휘랑 놀자 28

초성 퀴즈

돈, 물자, 시간, 노력 따위를 들이거나 써서 없애는 것을 무엇이라고 할까요?

ㅅ ㅂ → ☐ ☐

나의 소비 만족도는?

여러분은 용돈을 받나요? 아니면 세뱃돈을 받았던 경험이 있나요? 꼭 용돈이 아니더라도, 직접 돈을 가지고 소비를 해 본 적이 있을 거예요. 내가 샀던 것들을 적고, 만족도를 점수로 매겨 보세요.

소비 항목	가격(원)	만족도 (10점 만점)
필통	5,000	5점

정답 114쪽

학급 게시판에 댓글 달기

🐾 학급 온라인 게시판에 친구의 글이 올라왔네요. 이 글에 대한 여러분의 생각을 댓글로 남겨 주세요.

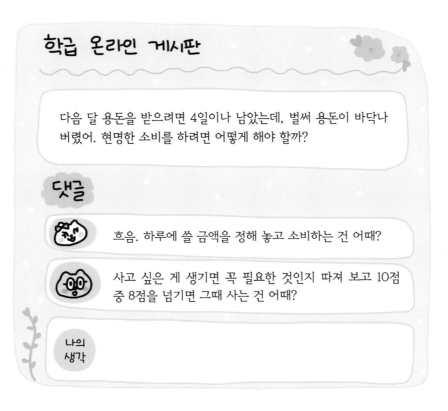

학급 온라인 게시판

다음 달 용돈을 받으려면 4일이나 남았는데, 벌써 용돈이 바닥나 버렸어. 현명한 소비를 하려면 어떻게 해야 할까?

댓글

흐음. 하루에 쓸 금액을 정해 놓고 소비하는 건 어때?

사고 싶은 게 생기면 꼭 필요한 것인지 따져 보고 10점 중 8점을 넘기면 그때 사는 건 어때?

나의 생각

냥냥이와 문장대결 🐾 '소비'라는 어휘를 넣어 알갓냥과 문장 대결을 펼쳐 볼까요?

초등학생 때부터 현명한 소비 습관을 가지는 게 중요해.

어휘랑 놀자 29

초성 퀴즈

물건이 자라나거나 만들어진 곳을 무엇이라고 할까요?

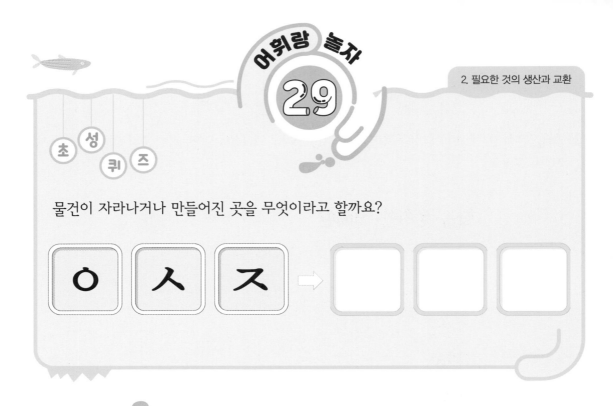

어휘 찾기

🐾 알갓냥이 장을 보러 마트에 왔어요. 마트 곳곳에 단어 카드가 숨겨져 있다는데, 숨어 있는 단어 카드를 찾아서 각각의 앞 글자로 '물건이 자라나거나 만들어진 곳'을 의미하는 어휘를 완성해 보세요.

내가 찾은 어휘는? (   )

냥냥이와 스피드 퀴즈

🐾 냥냥이들이 원산지가 다른 식품들에 대한 스피드 퀴즈를 하고 있어요. 각 식품의 원산지 태그를 보고 질문에 답해 주세요.

동남아시아에서 온 음식은?　（　　　　）

연어의 원산지는?　（　　　　）

국내산인 음식은?　（　　　　）

냥냥이와 문장대결 🐾 '원산지'라는 어휘를 넣어 머라냥과 문장 대결을 펼쳐 볼까요?

여러 가지 재료가 혼합된 식품의 경우에는 각 재료별 원산지를 개별적으로 표기해 주어야 해.

_____

_____

어휘랑 놀자
30

초 성 퀴 즈

물질적으로나 정신적으로 보탬이 되는 것을 무엇이라고 할까요?

ㅇ ㅇ →

어휘 부자

🐾 주어진 초성을 보고 어휘 만들기 놀이를 해 볼까요? 할 수 있는 만큼 빈칸을 채워 보세요.

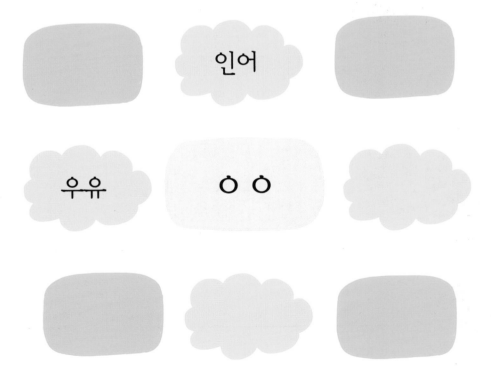

인어

우유   ㅇ ㅇ

계산해 줘!

냥냥이들이 알뜰 시장에서 번 돈을 세고 있어요. 모두 더하면 얼마의 이익을 얻은 것인지 계산한 금액을 쓰세요.

우리 상점에서는 3,000원을 벌었어.

우리 상점에서는 4,000원!

나는 4,500원을 벌었어!

그럼 우리 모두의 이익을 합하면 얼마지?

냥냥이들이 얻은 이익은? (　　　　　)원

냥냥이와 문장대결

'이익'이라는 어휘를 넣어 예쁘냥과 문장 대결을 펼쳐 볼까요?

이익이 되는 선택도 있지만 손해가 나는 선택도 있어.

_____

_____

어휘랑 놀자 31

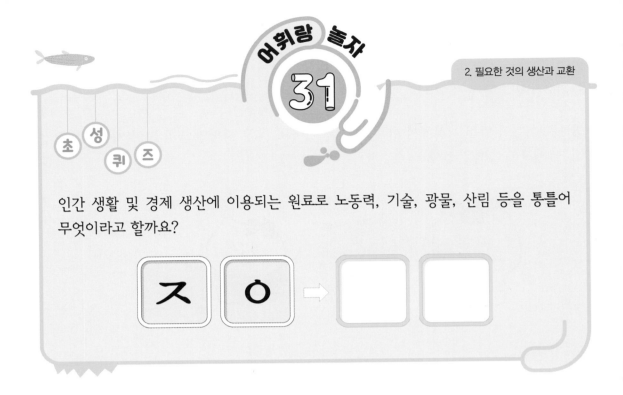

초 성 퀴 즈

인간 생활 및 경제 생산에 이용되는 원료로 노동력, 기술, 광물, 산림 등을 통틀어 무엇이라고 할까요?

ㅈ ㅇ ➡

X맨을 찾아라!

🐾 냥냥이들의 대화를 보고, '틀린' 내용을 말하고 있는 X맨을 찾아주세요.

지하자원은 지하에 묻혀 있는 자원을 말해.

아하! 땅속에 있는 자원을 말하는구나.

석탄, 석유 같은 것이 있지.

통나무도 지하자원이야.

사우디아라비아는 석유가 많이 나는 나라야.

사람의 기술이나 노동력도 자원이야.

괜찬냥 모리냥 예쁜냥 알갓냥 머라냥 어쩌냥

X맨은?

끝말잇기

'자원'으로 끝말잇기를 해 볼까요? '자원'의 '자'를 거꾸로 이어 보고, 자원의 '원'을 똑바로 이어도 보세요.

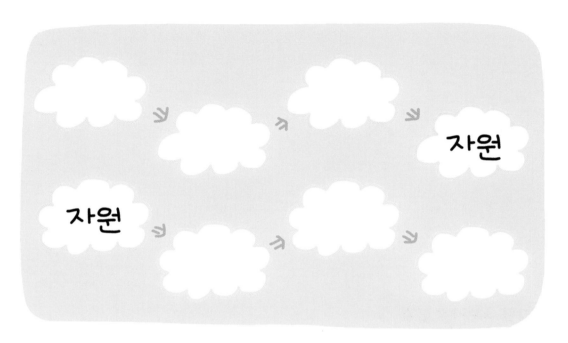

자원

자원

 냥냥이와 문장대결 '자원'이라는 어휘를 넣어 어쩌냥과 문장 대결을 펼쳐 볼까요?

환경을 위해서라도 자원을 아껴 쓰는 습관이 필요해.

69

제품 생산 과정에서 환경을 오염시키지는 않았는지, 안정성 확인을 위해 동물 실험을 하지는 않았는지 확인하여 해당 사항이 없는 제품을 소비하는 일을 무엇이라고 할까요?

| ㅊ | ㅎ | ㅅ | ㅂ | → | | | | |

착한 소비자의 선택

🐾 다음은 세 가지 제품의 생산 후처리 과정에 대한 설명이에요. '착한 소비'를 하는 소비자인 여러분은 어떤 제품을 선택할지 설명 아래에 ∨표 해 보세요.

A 제품

제품 생산 과정에서
나온 오염 물질을
강에 그냥
흘려보냈어요.

B 제품

제품 생산 과정에서
나온 오염 물질을
잘 모아서
폐수 처리 시설에
보냈어요.

C 제품

오염 물질을 최소화하는
생산 기계를 사서
오염 물질을 최대한
적게 만들고,
만들어진 오염 물질은
폐수 처리 시설에서
처리했어요.

(   )   (   )   (   )

정답 115쪽

포스터를 완성해 주세요

🐾 착한 소비를 홍보하는 포스터를 그려 볼까요? 포스터에는 짧은 문구와 눈에 띄는 그림이 함께 들어가도록 해 주세요.

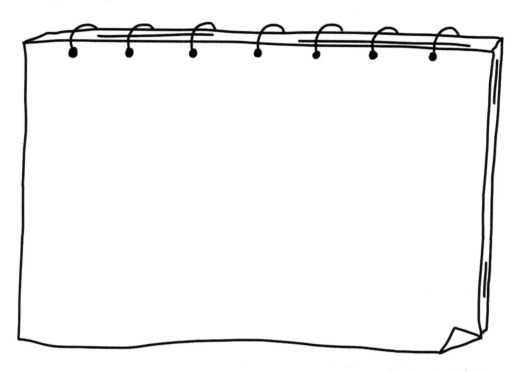

냥냥이와 문장대결
🐾 '착한 소비'라는 어휘를 넣어 괜찮냥과 문장 대결을 펼쳐 볼까요?

 나는 오늘 착한 소비를 하기 위해 동물복지 인증마크가 붙어 있는 계란을 샀어.

어휘랑 놀자

33

초성퀴즈

어떤 지역에서 특별히 생산되어 나오는 물건을 무엇이라고 할까요?

| ㅌ | ㅅ | ㅁ | → | | | |

찾아보자 특산물

🐾 특산물 지도를 살펴보고, 각 지역에서 유명한 특산물을 찾아 적어 보세요.

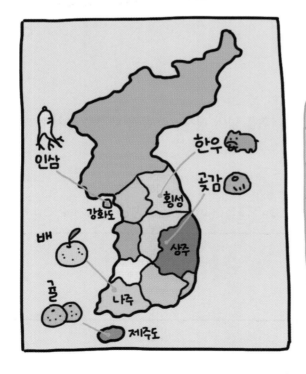

지역	특산물
강화도	
나주	
제주도	
상주	
횡성	

비슷한 어휘를 찾아봐요

🐾 다음 중 '특산물'과 비슷한 말이 적힌 어휘 풍선을 들고 있는 냥냥이는 누구일까요? 그 냥냥이의 풍선에 색칠해 주세요.

냥냥이와 문장대결 🐾 '특산물'이라는 어휘를 넣어 모르냥과 문장 대결을 펼쳐 볼까요?

 그 지역의 특산물은 다른 곳보다 맛과 질이 뛰어난 경우가 많아.

_____

_____

어휘랑 놀자 34

초성퀴즈

원하는 것에 비해 그것을 충족시켜 줄 것이 부족한 상태를 무엇이라고 할까요?

ㅎ ㅅ ㅅ →

공통 글자를 찾아라

🐾 4개의 칸에 각각 공통으로 들어있는 글자 한 개씩을 찾아 써 주세요. 그 글자를 합하면 어떤 어휘가 될까요?

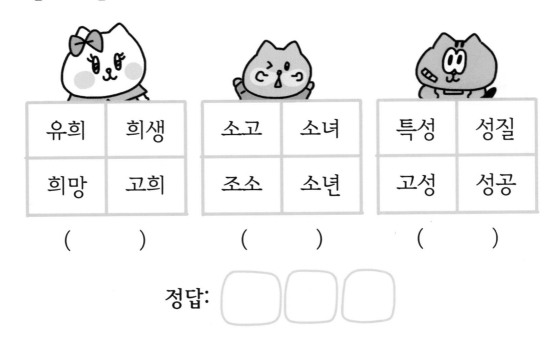

유희	희생
희망	고희

( )

소고	소녀
조소	소년

( )

특성	성질
고성	성공

( )

정답:

맞다 틀리다 미션

🐾 문제를 모두 풀면 맛있는 과일을 먹을 수 있대요. 다음 설명이 맞으면 '맞다' 칸에 적힌 미션을, 틀리면 '틀리다' 칸의 미션을 따라가 보세요. 어떤 과일이 나오나요?

설명	미션	
	맞다	틀리다
희소성은 현재 있는 것보다 원하는 것이 훨씬 더 많을 때 사용할 수 있는 단어야.	오른쪽으로 6칸 이동	오른쪽으로 3칸 이동
양이 적어도 원하는 사람이 없다면 희소성이 있다고 할 수 없어.	아래로 3칸 이동	아래로 2칸 이동
모든 것은 희소성이 있어.	↗으로 1칸 이동	↘으로 1칸 이동

출발 →

	수박		자두	자몽		귤
	포도		낑깡	망고		체리

내가 먹을 수 있는 과일은? (   )

냥냥이와 문장대결

🐾 '희소성'이라는 어휘를 넣어 알갓냥과 문장 대결을 펼쳐 볼까요?

자원의 희소성 때문에 선택을 해야 하는 문제가 발생해.

_____

_____

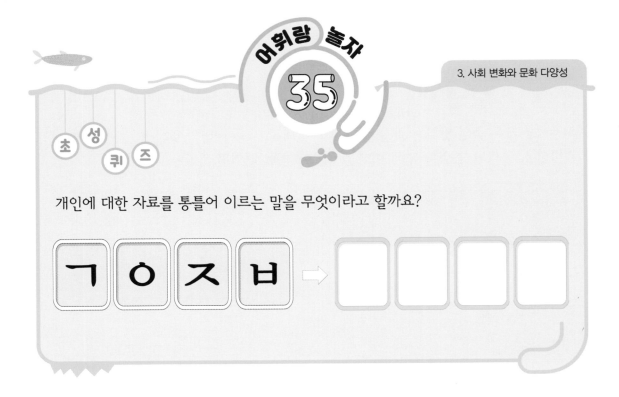

어휘랑 놀자 35

초성퀴즈

개인에 대한 자료를 통틀어 이르는 말을 무엇이라고 할까요?

ㄱ ㅇ ㅈ ㅂ →

옳은 말을 하는 냥냥이는 누구?

🐾 냥냥이들이 개인 정보에 대해 이야기를 나누고 있네요. 다음 중 '옳은' 말을 하고 있는 냥냥이의 이름에 ○표 하세요.

학교 홈페이지에 로그인할 수 있는 아이디와 비밀번호도 개인 정보니까 소중히 다뤄야 해.

나는 학교 홈페이지에 로그인하는 비밀번호를 한 번도 바꾸지 않고 소중히 간직하고 있어.

괜찮냥

주민등록번호는 나의 개인 정보야. 그러니까 누구에게도 함부로 알려주면 안 돼.

알갓냥

예뽀냥

어쩌냥

길 가다가 누가 우리 집 주소를 묻길래 "제 개인 정보는 알려드릴 수 없어요!"라고 단호하게 말했어.

다섯 고개 넘기

🐾 냥냥이들이 다섯 고개 넘기에 도전하고 있어요. 같이 한 번 도전해 볼까요? 다섯 고개의 정답이 무엇인지 써 보세요.

한 고개 — '개' 자로 시작하나요? — 예.

두 고개 — 세 글자인가요? — 아니요.

세 고개 — 모든 사람이 가지고 있나요? — 예.

네 고개 — 전화번호가 포함되나요? — 예.

다섯 고개 — 친구와 공유해도 되는 건가요? — 아니요.

정답은 ( )야. — 정답!

냥냥이와 문장대결

🐾 '개인 정보'라는 어휘를 넣어 머라냥과 문장 대결을 펼쳐 볼까요?

 개인 정보는 누구에게나 소중한 것이니 친구의 개인 정보도 지켜 줘야 해.

어휘랑 놀자
36

초 성 퀴 즈

한 사회에서 노인 인구의 비율이 높은 상태로 나타나는 것을 무엇이라고 할까요?

ㄱ ㄹ ㅎ →

맞는 말을 골라봐!

🐾 냥냥이들이 고령화와 관련된 이야기를 나누고 있네요. 잘 읽어보고, 문장 안에서 둘 중
맞는 말을 골라 ○표 하세요.

고령화는 한 사회에서 노인 인구의 비율이
점차 (많아 / 적어) 지는 것을 의미해.

고령화가 계속 진행된다면 노인을 위한 전문적인
시설이 (많아질 / 적어질) 거야.

고령화가 심해진다면 그 나라의 평균 연령은
(많아질 / 적어질) 거야.

상상화 그리기

🐾 괜찮냥이 고령화가 점점 심해진다면 어떻게 될지 상상한 그림을 보여주고 있네요. 여러분도 자신이 생각한 고령화 사회의 모습을 그려 주세요.

냥냥이와 문장대결 🐾 '고령화'라는 어휘를 넣어 예쁘냥과 문장 대결을 펼쳐 볼까요?

 우리나라는 이미 고령화가 진행 중이야.

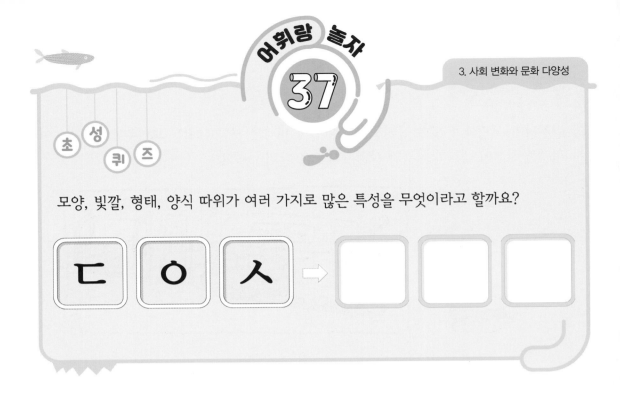

초성 퀴즈

어휘랑 놀자 37

3. 사회 변화와 문화 다양성

모양, 빛깔, 형태, 양식 따위가 여러 가지로 많은 특성을 무엇이라고 할까요?

ㄷ ㅇ ㅅ →

다양성을 살린 젠탱글 만들기

여러분은 젠탱글에 대해 알고 있나요? 젠탱글은 '선들이 얽히면서 만들어지는 패턴'을 말해요. 냥냥이가 그린 젠탱글을 참고해서 다양한 젠탱글 무늬를 만들어 보세요.

80

정답 116쪽

삼행시 도전!

🐾 여러분의 센스를 알아보는 시간이에요. '다양성'을 주제로 재미있는 삼행시를 지어 보세요.

다

양

성

냥냥이와 문장대결 🐾 '다양성'이라는 어휘를 넣어 어쩌냥과 문장 대결을 펼쳐 볼까요?

문화적 다양성이란 언어, 의상, 전통, 종교 등에 대한 사람들 사이의 문화적 차이가 다양한 것을 말해. 이 차이를 존중해야겠지?

어휘랑 놀자 38

초성 퀴즈

사람들이 함께 생활하면서 만들어온 공동의 생활 방식을 무엇이라고 할까요?

ㅁ ㅎ → ☐ ☐

전통 문화에 대해 생각해 봐요

🐾 '전통 문화'라고 하면 어떤 것들이 떠오르나요? 다양한 생각들을 생각그물에 적어 보세요.

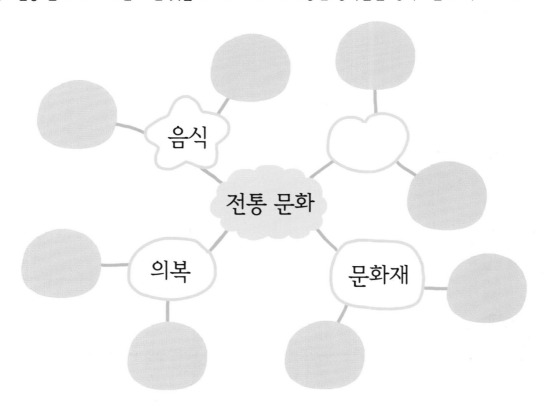

짧은 글 짓기

🐾 냥냥이들이 들고 있는 어휘를 활용해서 짧은 글을 써 볼까요? 주어진 어휘 중 3개 이상을 활용하고, 자유로운 형식으로 글을 써 보세요.

냥냥이와 문장대결   🐾 '문화'라는 어휘를 넣어 모르냥과 문장 대결을 펼쳐 볼까요?

 사람들이 모여서 그들만의 문화를 만들어 나가기도 해.

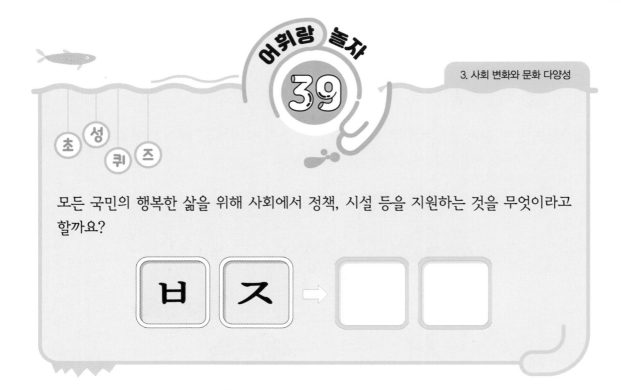

어휘랑 놀자
39

초 성 퀴 즈

모든 국민의 행복한 삶을 위해 사회에서 정책, 시설 등을 지원하는 것을 무엇이라고
할까요?

ㅂ   ㅈ → ☐ ☐

한자 익히기

🐾 '복지'의 '복' 자가 '복 많이 받아라.'고 할 때의 '복' 자라는 것, 알고 있었나요? 새해에
도, 복을 기원할 때에도 자주 사용하는 한자예요. 쓰면서 익혀 보세요.

福	福	福	福			
복	복	복	복			

제안해 볼까?

여러분의 행복한 삶을 위해 누군가 해줬으면 하는 복지 제도가 있나요? 예를 들어, 모든 학교에 스쿨버스를 도입하자는 의견이 있을 수 있겠네요. 여러분이 더 행복한 삶을 누리기 위해 어떤 복지 제도가 있었으면 좋겠는지 자유 게시판에 제안해 보세요.

자유 게시판

작성자	
공개 여부	◉공개 ○비공개
제목	
내용	

저장 취소 목록

냥냥이와 문장대결 '복지'라는 어휘를 넣어 알갓냥과 문장 대결을 펼쳐 볼까요?

 복지 정책은 국민의 인간다운 생활을 보장하기 위해 국가가 수행하는 모든 정책을 말해.

 _____

어휘랑 놀자 40

초성 퀴즈

시간이 지나면서 사회의 모습이 점점 달라지는 것을 무엇이라고 할까요?

ㅅ ㅎ ㅂ ㅎ → ☐ ☐ ☐ ☐

통신 수단의 변화

여러분은 친구들과 연락하고 싶을 때 어떤 통신 수단을 사용하나요? 과거부터 통신 수단은 끊임없이 발전해 왔어요. 어떤 순서로 통신 수단이 발전했는지 나열해 보세요.

❶ 집배원이 편지를 전해요.

❷ 전화를 걸어 소식을 전해요.

❸ 말을 타고 가서 편지를 전해요.

❹ 전자우편으로 소식을 전해요.

( ) → ( ) → ( ) → ( )

부모님을 인터뷰해요

🐾 우리 부모님이 11살 때 살았던 사회와 11살인 여러분이 살고 있는 사회는 많이 달라졌
어요. 부모님을 인터뷰해서 어떤 점이 달라졌는지 알아보세요.

(　　　) 기자의 질문	부모님의 답변
부모님이 어렸을 때에는 한 반에 학생 수가 몇 명이었나요?	

냥냥이와 문장대결 🐾 '사회 변화'라는 어휘를 넣어 머라냥과 문장 대결을 펼쳐 볼까요?

　　사회 변화의 속도가 점점 빨라지고 있어.

어휘랑 놀자
41

3. 사회 변화와 문화 다양성

초성 퀴즈

세계 여러 나라를 이해하고 받아들이는 것을 무엇이라고 할까요?

| ㅅ | ㄱ | ㅎ | ⇒ | | | |

가 보자 세계 여행

🐾 세계화 시대가 되면서 세계 여러 나라에 여행을 갈 수 있게 되었어요. 여러분은 어떤 나라로 여행을 가고 싶나요? 가고 싶은 이유는 무엇인가요?

어느 나라로 여행을 가고 싶나요?

(1) 여행 가고 싶은 나라: (   )

(2) 이유: _____

_____

글자 조합하기

🐾 어쩌냥이 주머니에 구슬을 넣고 있다가 쏟았어요. 구슬에 써 있는 글자로 '세계 여러 나라가 국경을 넘어 다양한 분야에서 교류하면서 전 세계가 하나로 연결되는 현상'을 의미하는 단어를 조합해 보세요.

정답: ☐ ☐ ☐

 냥냥이와 문장대결 🐾 '세계화'라는 어휘를 넣어 예쁘냥과 문장 대결을 펼쳐 볼까요?

세계화 덕분에 외국의 팝가수, 배우들도 쉽게 만날 수 있게 되었어.

_____

89

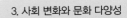

어휘랑 놀자 42

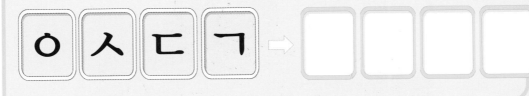

초 성 퀴 즈

인터넷의 게시판 따위에 올려진 내용에 대해 악의적인 평가를 하여 쓴 댓글을 무엇이라고 할까요?

| ㅇ | ㅅ | ㄷ | ㄱ | → | | | | |

냥냥이들에게 조언을!

🐾 냥냥이들의 학급 게시판에 악성 댓글이 있네요. 냥냥이들이 사이좋게 지낼 수 있도록 여러분이 조언을 해 주세요.

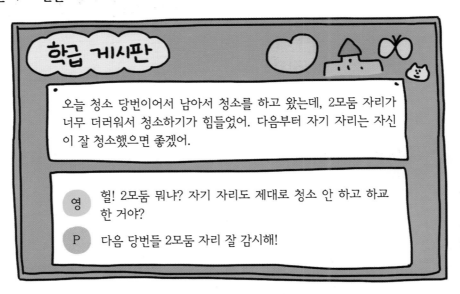

학급 게시판

오늘 청소 당번이어서 남아서 청소를 하고 왔는데, 2모둠 자리가 너무 더러워서 청소하기가 힘들었어. 다음부터 자기 자리는 자신이 잘 청소했으면 좋겠어.

영 헐! 2모둠 뭐냐? 자기 자리도 제대로 청소 안 하고 하교한 거야?

P 다음 당번들 2모둠 자리 잘 감시해!

🌼 사이 좋은 냥냥이네 학급을 위한 조언

_____

_____

노랫말 만들기

악성 댓글을 쓰지 말자는 내용의 메시지를 담아 노랫말을 개사해 볼까요? 도전할 노래는 '비행기'예요.

떴 다 떴 다	비 행 기	날 아 라	날 아 라

⬇

악 성 댓 글	읽 으 면	상 처 가	됩 니 다

높 이 높 이	날 아 라	우 리	비 행 기

⬇

우 리 모 두	좋 은 말	하 며	지 내 요

냥냥이와 문장대결

'악성 댓글'이라는 어휘를 넣어 어쩌냥과 문장 대결을 펼쳐 볼까요?

악성 댓글은 언어 폭력이기 때문에 절대 해서는 안돼.

어휘랑 놀자 43

초성퀴즈

어떤 일이 일어나게 된 근본적인 이유를 무엇이라고 할까요?

ㅇ ㅇ →

원인과 결과

원인과 결과에 해당하는 원판들이 있네요. 원인과 결과가 되는 원판을 골라 같은 색을 칠해 주세요.

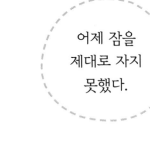

어제 잠을 제대로 자지 못했다.

열심히 단소 연습을 했다.

아침부터 졸리고 피곤했다.

음악 시간에 선생님께 칭찬을 받았다.

점심에 맛있는 음식이 나와서 많이 먹었다.

저녁 식사 시간에 입맛이 별로 없었다.

원인을 찾아봐

다음 냥냥이들의 대화를 읽고 왜 이런 일이 일어났는지 원인을 생각해서 써 보세요.

수학 시험을 평소보다 못 봤어.

속상했겠다.

오늘 아침부터 어깨가 조금 아프네. 왜 이럴까?

집에서 쉬어야겠다.

냥냥이와 문장대결

'원인'이라는 어휘를 넣어 괜찬냥과 문장 대결을 펼쳐 볼까요?

문제를 해결하려면 그 문제가 발생한 원인을 먼저 찾아야 해.

어휘랑 놀자 4.4

초성퀴즈

밖으로 나가거나 흘려 내보내는 것을 무엇이라고 할까요?

ㅇ ㅊ →

해결 방안을 찾아라

예쁘냥의 핸드폰에 자꾸 모르는 번호로 전화가 오네요? 예쁘냥의 개인 정보가 유출된 것 같아요. 친구들이 예쁘냥에게 개인 정보를 보호하는 방법을 조언해 주세요.

첫말 잇기

🐾 알갓냥과 첫말 잇기 대결을 해 볼까요? 빈칸을 채워 보세요.

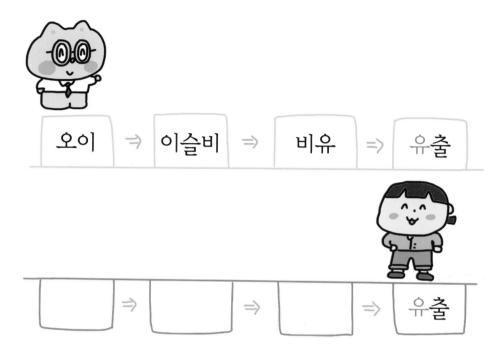

오이 ⇒ 이슬비 ⇒ 비유 ⇒ 유출

⇒ ⇒ ⇒ 유출

냥냥이와 문장대결

🐾 '유출'이라는 어휘를 넣어 괜찬냥과 문장 대결을 펼쳐 볼까요?

 태안에서 기름 유출 사고가 있었을 때, 자원봉사자들의 도움으로 빠르게 원래 모습을 찾을 수 있었어.

어휘랑 놀자

45

초 성 퀴 즈

문학, 예술, 학술에 속하는 창작물에 대하여 저작자가 가지는 권리를 무엇이라고 할까요?

ㅈ ㅈ ㄱ →

네 컷 만화 그리기

🐾 우리 친구들도 저작권에 대해서 배웠죠? '저작권을 보호해요'라는 메시지를 담아서 네 컷 만화를 그려 보세요.

메신저 대화 완성하기

🐾 냥냥이들이 단체 톡방에서 이야기를 하고 있어요. 냥냥이 친구들의 이야기를 읽고 여러분은 어떤 메시지를 보낼지 써 보세요.

냥냥이와 문장대결 🐾 '저작권'이라는 어휘를 넣어 모르냥과 문장 대결을 펼쳐 볼까요?

 창작물에 대한 권리인 저작권은 마땅히 보호되어야 해.

어휘랑 놀자 46
초 성 퀴 즈

아이를 적게 낳는 것을 무엇이라고 할까요?

ㅈ ㅊ ㅅ →

나도 정책 메이커

🐾 요즘 저출산이 심각한 문제가 되고 있다는 뉴스를 본 적이 있나요? 어떤 정책이 생기면 아이가 없는 부부들이 아이를 낳아서 키우고 싶어질까요? 여러분이 정책을 만드는 사람이 되어서 아이디어를 내보세요.

 예 알갓냥의 아이디어

- 정책 이름: '육아 지원금' 정책
- 정책 내용: 아이가 있는 부모에게 한 달에 50만 원씩 육아 지원금 지급
- 제안 이유: 아이를 키우면서 드는 돈이 많아서 저출산 현상이 심해지는 것 같은데, 아이가 태어나면서부터 성인이 될 때까지 국가에서 한 달에 50만 원의 지원금을 주면 저출산 현상이 어느 정도 해결될 것 같습니다.

- 정책 이름:
- 정책 내용:
- 제안 이유:

어휘 찾기

🐾 다음 글자 판에서 '아이를 적게 낳는 것'이라는 뜻을 가진 어휘 1개, 냥냥이 이름 2개를 찾아서 ○표 하고 아래에 써 넣으세요.

하	초	냥	쩌	어
저	이	머	주	현
예	출	황	라	서
림	냥	산	전	냥
지	조	후	괜	알

찾은 어휘

냥냥이 이름

냥냥이와 문장대결 🐾 '저출산'이라는 어휘를 넣어 알갓냥과 문장 대결을 펼쳐 볼까요?

저출산 문제를 해결하기 위해서는 모두의 힘이 필요해.

99

어휘랑 놀자

47

초 성 퀴 즈

전화, 인터넷 등 정보 통신 기술의 발달로 지식과 정보가 중심이 되어 생활의 변화를 이끄는 것을 무엇이라고 할까요?

ㅈ ㅂ ㅎ → ☐ ☐ ☐

느껴봐요, 변화된 삶

🐾 정보화 사회가 되면서 삶의 많은 부분이 바뀌었어요. 냥냥이들과 함께 정보화로 인해 변화된 모습에는 어떤 것이 있는지 빈 말풍선에 적어 보세요.

코로나로 학교에 못가도 각자 집에서 온라인 화상 수업을 할 수 있어.

요즘은 스마트폰에 카드를 내장할 수 있어서 지갑이 필요없어.

정답 118쪽

정보 윤리를 지켜요

정보화 시대가 되면서 지식과 정보가 점점 중요해지고 있어요. 그만큼 사이버 공간에서 우리가 지켜야 할 것들도 많아지고 있지요? 어떤 것들이 있는지 써 보세요.

정보 윤리

우리가 지켜야 할 정보 윤리에는 어떤 것이 있을지
발표해 보세요.

사실이 아니거나 확실하지 않은 정보는 올리지 않아요.

냥냥이와 문장대결

'정보화'라는 어휘를 넣어 머라냥과 문장 대결을 펼쳐 볼까요?

정보화 시대에는 급격한 변화에 적응하는 것이 매우 중요해.

101

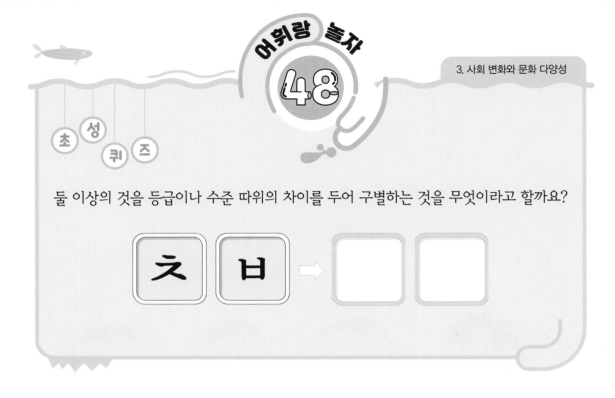

어휘랑 놀자 48

초성퀴즈

둘 이상의 것을 등급이나 수준 따위의 차이를 두어 구별하는 것을 무엇이라고 할까요?

ㅊ ㅂ →

차이와 차별을 구분해요

🐾 '차이'는 서로 같지 않고 다르다는 뜻이고, '차별'은 그 다름을 기준으로 대우가 달라지는 것을 의미해요. 다음 중 '차이'에 해당하는 카드에는 ○표를, '차별'에 해당하는 카드에는 △표를 하세요.

수잔과 나는 피부색이 달라.

나는 일하는 곳에서 외국인이라는 이유로 월급을 적게 받았어.

할아버지와 나는 살아온 환경이 달라.

체육 시간에 여자라는 이유로 축구 선수 라인업에서 제외되었어.

6학년과 1학년은 나이가 달라.

차별 out!

🐾 건강한 사회를 만들기 위해서는 '차별'을 없애야 해요. 차별 없는 건강한 학교를 만들기 위해 우리가 할 수 있는 일을 적어 보세요.

휠체어를 탄 친구도 편안하게 공부할 수 있도록 책상 높이를 조절해 줍니다.

차별 없는 건강한 학교를 위해 우리가 할 수 있는 일은?

냥냥이와 문장대결 🐾 '차별'이라는 어휘를 넣어 예쁘냥과 문장 대결을 펼쳐 볼까요?

차이는 있지만 차별은 없는 사회가 되었으면 좋겠어.

끝말잇기

🐾 어쩌냥이 끝말을 이으면서 돌다리를 건너고 있어요. 어쩌냥을 도와서 끝말잇기를 해
보세요.

104

어휘 pick 글쓰기

🐾 냥냥이 친구들이 제시하는 어휘 중 2개를 골라 그 어휘가 들어가는 짧은 글을 써 보세요.

침해   사생활   존중   규칙

 냥냥이와 문장대결 🐾 '침해'라는 어휘를 넣어 어쩌냥과 문장 대결을 펼쳐 볼까요?

대한민국에서는 국민의 기본권이 침해되지 않도록 헌법에서 보장하고 있어.

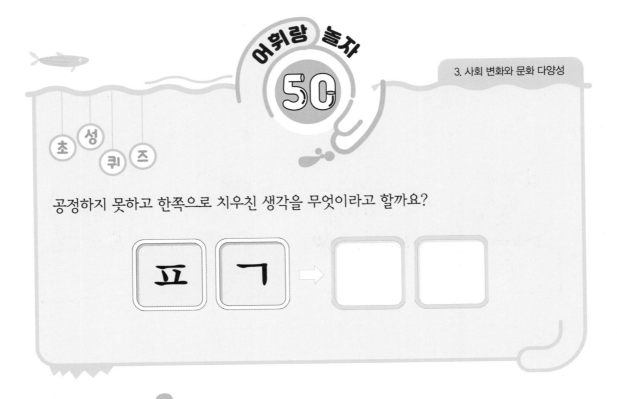

어휘랑 놀자 50

초 성 퀴 즈

공정하지 못하고 한쪽으로 치우친 생각을 무엇이라고 할까요?

편견 찾아내기

🐾 다음 냥냥이들의 대화 속에서 '편견'이라고 생각되는 말을 찾아 형광펜으로 칠해 주세요.

편견 일기 쓰기

🐾 그동안 무의식적으로 가지고 있던 편견이 있나요? 남자는 울면 안된다는 말도, 장애인
은 불행할 것이라는 생각도 모두 편견일 수 있어요. 그 동안의 여러분의 생각을 되돌아
보면서 어떤 '편견'을 가지고 있었는지, 앞으로는 어떻게 하면 좋을지 써 보세요.

냥냥이와 문장대결 🐾 '편견'이라는 어휘를 넣어 괜찬냥과 문장 대결을 펼쳐 볼까요?

 다른 나라 문화에 대해 편견을 가지는 것은 바람직하지 못해.

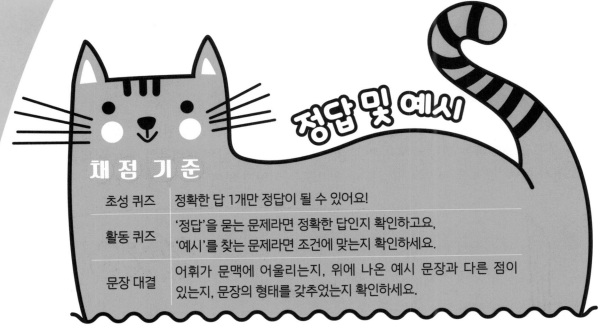

채점 기준

초성 퀴즈	정확한 답 1개만 정답이 될 수 있어요!
활동 퀴즈	'정답'을 묻는 문제라면 정확한 답인지 확인하고요, '예시'를 찾는 문제라면 조건에 맞는지 확인하세요.
문장 대결	어휘가 문맥에 어울리는지, 위에 나온 예시 문장과 다른 점이 있는지, 문장의 형태를 갖추었는지 확인하세요.

01 귀촌 8쪽

초성 퀴즈
귀촌

사다리 완성하기

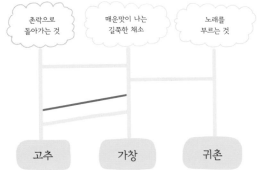

촌락으로 돌아가는 것	매운맛이 나는 길쭉한 채소	노래를 부르는 것
고추	가창	귀촌

더 많은 어휘 떠올리기
예) 귀: 귀이개, 귀마개, 귀하 등
촌: 촌락, 촌지, 촌평 등

문장 대결
예) 귀촌을 하면 맑은 공기를 많이 마실 수 있겠다.

02 농업 10쪽

초성 퀴즈
농업

어휘 찾기

농촌
• 논과 밭에서 곡식이나 채소를 기르는 일 등 농업을 주로 합니다.
• 농촌에는 비닐하우스, 정미소와 같은 농업 관련 시설이 있습니다.

어촌
• 바다에서 물고기를 잡거나 기르고, 김과 미역을 따는 일 등 어업을 주로 합니다.
• 어촌에도 농업에 종사하는 사람들이 있습니다.

이미지로 떠올리기
농업

문장 대결
예) 농업에 종사하는 사람들을 농민이라고 해.

03 대중교통 12쪽

초성 퀴즈
대중교통

어휘 찾기

지	터	버	플	와	고	청	시
하	냥	찬	팬	자	박	물	관
철	라	디	오	차	신	버	냥
오	또	스	놀	이	터	짱	뽀
뜨	뽀	글	머	라	냥	달	예
용	달	버	스	예	하	지	만

길 찾기

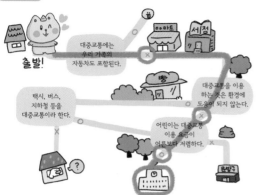

출발!

문장 대결

㉔ 버스, 지하철 등을 대중교통이라고 해.

---

04 도시 14쪽

초성 퀴즈

도시

숨은 낱말 찾기

밀집한 인구	은행	대형 병원	미역 양식장	비닐 하우스	높은 빌딩	스키장	차가 막히는 도로
버스	고깃배	고기잡 이배	석탄 생산	과수원	지하철 역	염전	도서관
넓은 도로	미술관	공장	논	빽빽한 건물	캠핑장	많은 사람	대형 마트
밭	대중 교통	목장	풍력 발전기	문화 시설	김 양식장	영화관	지하철
박물관	백화점	공공 기관	가축 우리	어촌 체험장	농기계 수리소	정미소	버스 터미널

도시

문제 해결 아이디어

㉔ 요일마다 돌아가며 차를 두고 대중교통을 이용하는 날을 정해요.

문장 대결

㉔ 도시에는 미술관, 박물관 같은 문화 시설이 많이 있어.

---

05 문화 시설 16쪽

초성 퀴즈

문화 시설

사행시 완성하기

㉔ 문: 문화 시설에서는

화: 화를 내지 말고 문화

시: 시민의 자세를 생각하면서

설: 설령 화가 나더라도 조용히 나가서 해결하도록 해요!

꽃잎 완성하기

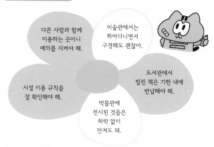

다른 사람과 함께 이용하는 곳이니 예의를 지켜야 해.

미술관에서는 뛰어다니면서 구경해도 괜찮아.

시설 이용 규칙을 잘 확인해야 해.

도서관에서 빌린 책은 기한 내에 반납해야 해.

박물관에 전시된 것들은 허락 없이 만져도 돼.

문장 대결

㉔ 문화 시설은 지역 주민들이 편리하게 문화 생활을 즐길 수 있도록 운영되는 시설이야.

---

06 비율 18쪽

초성 퀴즈

비율

글자 조합하기

비율

수학까지 마스터하기

13%

문장 대결

㉔ 황금 비율 레시피로 떡볶이를 만들어볼게!

---

07 상호 의존 20쪽

초성 퀴즈

상호 의존

열기구 색칠하기

뜰 수 있는 열기구의 번호: (1, 2)

동생에게 설명해 봐!

㉔ 네가 높은 곳에 있는 물건을 꺼낼 때 나에게 도움을 요청하면 내가 도와주지? 그리고 난 좁은 곳에 들어간 물건을 꺼낼 때 너에게 도움을 요청하지? 이렇게 서로 의지하고 도와주는 걸 상호 의존이라고 해.

문장 대결
예 우리 마을과 옆 마을은 서로 상호 의존하고 있어.

08 소득 22쪽

초성 퀴즈
소득

자음과 모음 조합하기
소득

냥냥이와 가위바위보!

		소득과 소비는 비슷한 뜻이다. (O, X)
	✌	회사에서 일하고 받은 월급은 소득이다. (O, X)
	✋	소득보다 소비가 더 많아야 돈을 모을 수 있다. (O, X)
	✊	용돈으로 맛있는 아이스크림을 산 것은 소비이다. (O, X)

문장 대결
예 소득이 높은 직업에는 어떤 것이 있을까?

09 어업 24쪽

초성 퀴즈
어업

어떤 것이 떠올라?
(바다에 배를 타고 나가서 그물로 물고기를 잡는 모습, 양식장에서 장화 신고 일하는 모습 등의 그림을 그린다.)

어업 관련 그림 찾기
❶, ❹, ❺

문장 대결
예 어업 체험을 하려고 배를 탔는데 멀미가 심해서 고생했어.

10 인구 26쪽

초성 퀴즈
인구

초성을 보고 어휘 만들기
예 인구, 입구, 아귀, 유기, 어구, 용구, 왕건 등

이젠 세계로!
(1) 아르헨티나 (2) 베트남 (3) 호주

문장 대결
예 수도권으로 인구가 집중되다 보니 지방의 인구가 많이 줄어들고 있대.

11 일손 부족 28쪽

초성 퀴즈
일손 부족

이어질 내용 상상하기
예 특히 농촌에는 젊은 사람보다 노인이 많아서 일손 부족 문제가 심해지는 것 같다. 할머니, 할아버지는 오랜 시간 일하시기 힘든 경우가 많기 때문이다. 이 일을 해결하기 위해서는 젊은 사람들이 많이 농촌에 이사를 가야 할텐데. 농촌에 젊은 사람들이 이사 가고 싶게 만들려면 어떻게 해야 할까? 모두 고민해 봐야 할 문제인 것 같다.

넌센스 퀴즈
일손 부족

문장 대결
예 저희가 도울 테니 일손 부족 걱정은 하지 마세요.

12 임업 30쪽

초성 퀴즈
임업

내 머릿속 임업이란?
(산에서 목재 벌채하는 모습, 버섯을 기르고 채취하는 모습 등의 그림을 그린다.)

어휘 찾기

예

임
임원 임시 임금 임기

업
업무 업로드 업장 업무

문장 대결

㈜ 산에서 벌을 양봉하는 일도 임업에 해당돼.

⑬ 정미소   32쪽

초성 퀴즈

정미소

한자 따라 쓰기

(정해진 칸에 한자를 예쁘게 써 넣는다.)

미션에 성공한 냥냥이는?

어쩌냥

문장 대결

㈜ 나는 정미소에 한 번도 가본 적이 없어서 어떤 시설인지 궁금해.

⑭ 직거래 장터   34쪽

초성 퀴즈

직거래 장터

개념 이해하기

직거래 장터는 파는 사람과 사는 사람이 직접 만나는 시장이다.
맞다 / 틀리다

농산물 직거래 장터는 더 싱싱한 농산물을 싼값에 살 수 있다.
맞다 / 틀리다

대형 마트는 직거래 장터이다.
맞다 / 틀리다

사는 사람과 파는 사람 사이에 다른 사람이 개입하면 직거래 장터라고 할 수 없다.
맞다 / 틀리다

3줄 쓰기

㈜ 나는 어떤 것을 준비해 갈까 고민을 많이 했다. / 결국 엄마의 도움을 받아 쿠키를 구워 가기로 결정했는데, 친구들이 맛있게 먹었으면 좋겠다.

문장 대결

㈜ 직거래 장터는 판매자와 소비자 모두에게 도움이 되는 곳이야.

⑮ 첨단 기술   36쪽

초성 퀴즈

첨단 기술

그림 글자 만들기

(첨단 기술을 떠올릴 수 있는 여러 이미지들이 잘 녹아 있도록 글자를 디자인한다.)

미래 상상하기

(하늘을 나는 택시, 자율 주행 중인 자동차, 로봇 단독 수술집도, 알약 식량, 진공관 열차, 달나라로 떠나는 수학여행, 애완 로봇 등의 그림을 그린다.)

문장 대결

㈜ 첨단 기술의 발전 속도는 상상을 초월해.

⑯ 촌락   38쪽

초성 퀴즈

촌락

촌락에 가면

㈜ 경운기, 그물, 논두렁, 고깃배, 과수원 등

선으로 연결하기

문장 대결

㈜ 촌락에 상대되는 개념은 도시야.

⑰ 경제 교류   40쪽

초성 퀴즈

경제 교류

우리 동네 소개하기

㈜ • 강원도 횡성 – 맛있는 한우를 먹으러 사람들이 먼 길을 찾아오기도 해!

• 전라남도 영광 – 참조기를 이용해서 만든 굴비는 오래전부터 우리나라 밥상을 책임지는 특산품이야.

원산지를 찾아봐!

㈜ 내 재킷은 베트남에서 만든 거야. / 내 가방은 미국에서 만들어졌어.

문장 대결

㈜ 경제 교류는 세계화 시대에 꼭 필요한 일이야.

18 경제활동　42쪽

초성 퀴즈
경제 활동

나무 완성하기
⑩

자신만만 어휘 대결
⑩ 조사 활동 / 협동 활동 / 대외 활동 / 교육 활동 등

문장 대결
⑩ 경제 활동을 하면서 삶의 활력도 얻을 수 있어.

19 공정 무역　44쪽

초성 퀴즈
공정 무역

만화 완성하기
⑩ 흑인 소녀: 내가 충분한 돈을 주고 초콜릿을 사 먹을 수 있도록 기회를 줘.

캠페인 문구 만들기
⑩ 공정한 사회, 공정 무역에서부터 시작됩니다.

문장 대결
⑩ 이제부터 공정 무역 인증 마크를 확인하고 물건을 사야겠어.

20 과정　46쪽

초성 퀴즈
과정

공통 어휘 찾기
과정

과정에 맞게 해결해요!
③ → ① → ② → ④

문장 대결
⑩ 모든 일은 결과만큼 그 과정도 중요해.

21 대안　48쪽

초성 퀴즈
대안

고민 해결사가 되어 줘!
⑩ 머라냥에게 솔직히 말하고 축구는 다음 주말에 하자고 하면 머라냥도 이해해 줄 거야.

숨은 글자 찾기

문장 대결
⑩ 애플파이는 품절되었다고 하니 대안으로 호두파이를 먹는 건 어때?

22 대중매체　50쪽

초성 퀴즈
대중매체

원반 끝말잇기
⑩ 기대 → 대중매체 → 체육 → 육성 → 성공 → 공장 → 장화 → 화단

숫자 연결하기
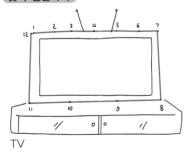
TV

문장 대결

예 대중매체의 정보들은 비판적으로 받아들여야 해.

---

23 만족감　　52쪽

초성 퀴즈

만족감

이모티콘 작가가 되어 봐!

기쁨　　두려움

뇌 구조 그리기

예

재미있는 책 / 게임 / 학교 / 친구들 / 놀이터

문장 대결

예 이번 여행은 정말 만족감이 높은 여행이었어.

---

24 상품　　54쪽

초성 퀴즈

상품

나만의 상점 만들기

예

봉지 과자 1500원 / 색연필 800원 / 단팥빵 1000원

머핀 1500원 / 도넛 1200원 / 케이크 1000원 / 바게트 3000원

벌집 모양 끝말잇기

예

조금 / 금상 / 대상 / 상품 / 품성 / 품절 / 성공 / 공장 / 장소 / 장군 / 절친 / 친구

문장 대결

예 할인 상품이 많은 상점이 인기가 많아.

---

25 생산　　56쪽

초성 퀴즈

생산

계단 오르기

생산

단어 찾기

생산

문장 대결

예 대량 생산 방식은 많은 물건을 계속 생산하는 데 적합한 방식이다.

---

26 서비스　　58쪽

초성 퀴즈

서비스

길 찾기

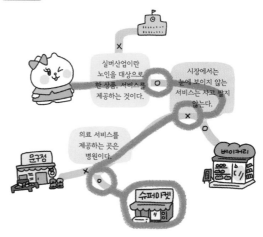

실버산업이란 노인을 대상으로 한 상품, 서비스를 제공하는 것이다.

시장에서는 눈에 보이지 않는 서비스는 사고 팔지 않는다.

의료 서비스를 제공하는 곳은 병원이다.

영어 단어 순서 배열하기

SERVICE

문장 대결

예 법률 서비스를 이용하려면 어떻게 해야 할까?

27 선택 60쪽

초성 퀴즈

선택

밸런스 게임

예

나의 선택은?

예 나는 숙제를 하고 자는 것을 선택할 것입니다. 왜냐하면 숙제는 꼭 해야 하는 일이기 때문입니다. 지금은 졸리고 귀찮아서 그냥 자고 싶지만 마음을 다잡고 숙제를 한 다음에 잠이 들면 상쾌한 숙면을 할 수 있을 것이고, 내일 아침 마음 편하게 등교할 수 있을 것입니다.

문장 대결

예 올바른 선택을 하기 위해서는 누군가의 조언을 들어야 할 때도 있어.

28 소비 62쪽

초성 퀴즈

소비

나의 소비 만족도는?

예

소비 항목	가격(원)	만족도 (10점 만점)
필통	5,000	5점
젤리	1,000	9점
연필	500	1점
저금통	2,000	7점

학급 게시판에 댓글 달기

예 용돈을 써야 할 일에 우선순위를 정해놓고, 가장 필요한 것에 먼저 쓰는 게 좋을 것 같아.

문장 대결

예 소비의 반대되는 개념은 생산이야.

29 원산지 64쪽

초성 퀴즈

원산지

어휘 찾기

원산지

냥냥이와 스피드 퀴즈

 동남아시아에서 온 음식은? (망고, 코코넛)

 연어의 원산지는? (노르웨이)

 국내산인 음식은? (귤)

문장 대결

예 앞으로는 물건을 살 때 원산지에 관심을 가지고 살펴봐야겠어.

30 이익 66쪽

초성 퀴즈

이익

어휘 부자

예 아우, 이용, 연유, 여인, 인용, 육아 등

계산해 줘!

11,500원

문장 대결

㉠ 나의 이익만 생각해서는 안 돼.

③① 자원 68쪽

초성 퀴즈

자원

X맨을 찾아라!

알갓냥

끝말잇기

㉠

한강   남자
  강남
        자원
자원   조항
  원조   항복

문장 대결

㉠ 지하자원은 매장량에 한계가 있기 때문에 언젠가는 고 갈될 거야.

③② 착한 소비 70쪽

초성 퀴즈

착한 소비

착한 소비자의 선택

C 제품

포스터를 완성해 주세요

(착한 소비와 관련된 포스터 이미지를 그리고 간단한 문구 를 넣는다.)

문장 대결

㉠ 착한 소비를 위해서는 조금 비싼 가격을 치러야 할 수 도 있어.

③③ 특산물 72쪽

초성 퀴즈

특산물

찾아보자 특산물

지역	특산물
강화도	인삼
나주	배
제주도	귤
상주	곶감
횡성	한우

비슷한 어휘를 찾아봐요

문장 대결

㉠ 우리 지역의 특산물에는 어떤 것이 있을까?

③④ 희소성 74쪽

초성 퀴즈

희소성

공통 글자를 찾아라

희소성

맞다 틀리다 미션

망고

문장 대결

㉠ 희소성은 절대적인 수가 부족해서가 아니라 필요에 비 해 상대적으로 부족하기 때문에 생겨.

③⑤ 개인 정보 76쪽

초성 퀴즈

개인 정보

옳은 말을 하는 냥냥이는 누구?

알갓냥, 예쁘냥, 어쩌냥

다섯 고개 넘기

개인 정보

문장 대결

㉮ 개인 정보에는 이름, 성별, 나이 등이 포함돼.

36 고령화 78쪽

초성 퀴즈

고령화

맞는 말을 골라봐!

많아, 많아질, 많아질

상상화 그리기

('노인 일자리' 광고가 붙은 게시판, 길에 걸어가는 사람들 대부분이 노인인 풍경 등의 그림을 그린다.)

문장 대결

㉮ 빠른 속도로 진행되고 있는 고령화 현상은 미래 사회 전반에 걸쳐 큰 영향을 미치게 될 거야.

37 다양성 80쪽

초성 퀴즈

다양성

다양성을 살린 젠탱글 만들기

삼행시 도전!

㉮ 다: 다양한 사람들이 함께 살아가는 우리 사회!
양: 양보하는 우리가 멋진 사회를 이끌어갈 수 있어요! 함께
성: 성장하는 우리 사회 우리가 만들어가요.

문장 대결

㉮ 문화의 다양성 덕분에 여러 나라를 여행하며 새로움을 얻을 수 있어.

38 문화 82쪽

초성 퀴즈

문화

전통 문화에 대해 생각해 봐요

짧은 글 짓기

㉮ 세계에는 다양한 사람들이 살아가고 있고, 겉모습부터 생활 방식까지 모두 다르다. 어렸을 때에는 다른 것이 틀린 것인 줄 알고 다름을 인정하지 못했었다. 나와 다르면 이상하다고 생각했다. 하지만 이제는 다름을 존중할 수 있게 되었다. 다른 문화를 받아들일 수 있는 내가 자랑스럽다.

문장 대결

㉮ 나는 세계 여러 나라 사람들의 놀이 문화가 궁금해.

39 복지 84쪽

초성 퀴즈

복지

한자 익히기

(정해진 칸에 한자를 예쁘게 써 넣는다.)

제안해 볼까?

㉮ 제목: 어린이를 위한 놀이 시설을 더 많이 만들어 주세요!
내용: 어린이를 위한 놀이터와 놀이 시설이 너무 부족합니다. 우리 동네에는 놀이터에 항상 사람이 너무 많아서 복잡하고 가끔은 다치기도 합니다. 어린이를 위한 공원이나 놀이터가 더 많이 있다면 여유롭게 놀이 시설을 이용할 수 있을 것입니다. 어린이들의 복지를 위해 놀이 시설을 더 많이 만들어 주세요!

문장 대결

㉮ 고령화 사회에서 노인들을 위한 복지인 노인 복지는 꼭 필요해.

40 사회 변화 86쪽

86쪽

초성 퀴즈
사회 변화

통신 수단의 변화
❸ → ❶ → ❷ → ❹

부모님을 인터뷰해요
예) Q1. 부모님이 어렸을 때에는 한 반에 학생 수가 몇 명이었나요?

A1. 내가 어렸을 때에는 50명 정도가 한 반에 있었어요.

Q2. 어렸을 때 하던 놀이에는 어떤 것이 있었나요?

A2. 고무줄놀이나 술래잡기처럼 밖에서 뛰어노는 놀이가 많았고 지금처럼 핸드폰 게임 같은 것은 없었어요.

Q3. 학교에 다닐 때 급식 제도가 있었나요?

A3. 도시락을 싸서 가지고 다녔어요.

문장 대결
예) 사회 변화에 잘 적응할 수 있도록 노력해야 해.

41 세계화 88쪽

초성 퀴즈
세계화

가 보자 세계 여행
(1) 여행 가고 싶은 나라: 예) 태국
(2) 이유: 예) 동남아시아의 휴양지 느낌을 너무 경험해 보고 싶고, 팟타이나 뿌빳뽕커리를 좋아하기 때문에 직접 현지에서 태국 음식을 먹어 보고 싶다.

글자 조합하기
세계화

문장 대결
예) 거리에서 세계 여러 나라의 음식점을 볼 수 있는 것도 세계화의 영향이구나?

42 악성 댓글 90쪽

초성 퀴즈
악성 댓글

냥냥이들에게 조언을!
예) 게시판에서 친구들에게 악성 댓글을 다는 건 좋은 생각이 아닌 것 같아. 2모둠 친구들에게 직접 좋은 말로 요청하거나 사정을 들어보는 것이 더 좋지 않을까?

노랫말 만들기

떴 다 떴 다	비 행 기	날 아 라	날 아 라
⬇			
악 성 댓 글	안 돼 요	다 같 이	없 애 요

높 이 높 이	날 아 라	우 리	비 행 기
⬇			
악 성 댓 글	대 신 에	선 플	달 아 요

문장 대결
예) 악성 댓글은 사람에게 상처를 줄 수 있어.

43 원인 92쪽

초성 퀴즈
원인

원인과 결과

어제 잠을 제대로 자지 못했다.

열심히 단소 연습을 했다.

아침부터 졸리고 피곤했다.

음악 시간에 선생님께 칭찬을 받았다.

점심에 맛있는 음식이 나와서 많이 먹었다.

저녁 식사에 입맛이 별로 없었다.

원인을 찾아봐
예)

수학 시험을 평소보다 못 봤어.

긴장해서 실수를 했나 보다. 속상했겠다.

오늘 아침부터 어깨가 조금 아프네. 왜 이럴까?

어제 불편한 자세로 잠을 잤나 보구나. 집에서 쉬어야겠다.

117

문장 대결

예 '아니 땐 굴뚝에 연기 나랴' 라는 속담은 모든 일에는 그럴만한 원인이 있다는 의미를 담고 있어.

44 유출 94쪽

초성 퀴즈

유출

해결 방안을 찾아라

예 비밀번호는 수시로 바꿔줘야 해. / 모르는 사람에게는 개인 정보를 알려 주면 안 돼. / 믿을 수 없는 웹사이트에는 가입하지 말아야 해. / 컴퓨터나 핸드폰에 바이러스 백신을 설치해서 수시로 바이러스 검사를 하는 것이 좋아. 등

첫말 잇기

예 유입 → 입학식 → 식용유 → 유출

문장 대결

예 비밀이 유출되지 않도록 보안을 철저히 해야 해.

45 저작권 96쪽

초성 퀴즈

저작권

네 컷 만화 그리기

① 작곡가: 나는 유명한 음악을 작곡한 작곡가야!	② 작곡가: (속상한 표정으로) 그런데 요즘 불법 다운로드가 아주 많다고 하더군. 너무 속상해.
③ (통장에 수입이 300원 찍힌 모습)	④ 작곡가: 불법 다운로드를 하게 되면, 나같이 저작권을 받고 사는 사람들은 먹고 살 수가 없어. 다들 저작권을 보호해 줘!

메신저 대화 완성하기

예 맞아. 창작자의 저작권을 지켜주기 위해서는 우리도 함께 노력해야 해.

문장 대결

예 소프트웨어는 저작자 사후 70년까지 저작권을 보호받을 수 있대.

46 저출산 98쪽

초성 퀴즈

저출산

나도 정책 메이커

• 정책 이름: 예 어린이 돌봄이 정책

• 정책 내용: 예 학교 입학 전 시기의 어린이를 돌보아 줄 수 있는 '돌봄이' 를 가정에 지원하는 정책

• 제안 이유: 예 직장에 다니는 부모들은 아이를 봐줄 사람이 없어서 아이를 낳지 못하는 경우도 있을 것이다. 따라서 어린아이를 돌봐줄 '돌봄이' 를 국가에서 육성하여 보내 준다면 저출산 문제가 해결되는 데에 도움이 될 것이다.

어휘 찾기

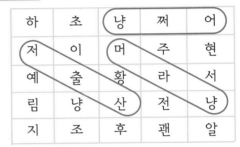

하	초	냥	쩌	어
저	이	머	주	현
예	출	황	라	서
림	냥	산	전	냥
지	조	후	괜	알

찾은 어휘
저출산

냥냥이 이름
어쩌냥, 머라냥

문장 대결

예 우리나라의 저출산 문제는 심각해.

47 정보화 100쪽

초성 퀴즈

정보화

느껴봐요, 변화된 삶

예 외국에 있는 친구와 바로바로 연락할 수 있는 것도 정보화 시대의 장점이야.

정보 윤리를 지켜요

예 • 가짜 뉴스를 함부로 퍼뜨리지 않아요.

• 초상권을 지켜 줘요.

• 출처를 밝혀요.

48 차별 102쪽

초성 퀴즈

차별

차이와 차별을 구분해요

수진과 나는 피부색이 달라

나는 일하는 곳에서 외국인이라는 이유로 일급을 적게 받았어.

할아버지와 나는 살아온 환경이 달라.

체육 시간에 여자라는 이유로 축구 선수 라인업에서 제외되었어.

6학년과 1학년은 나이가 달라.

차별 out!

㉠ • 여자 또는 남자라는 이유로 제한을 두는 일은 없어야 합니다.

• 다문화 가정의 친구들을 다른 눈으로 바라보지 않고 똑같이 친하게 지냅니다.

• 혐오 표현을 사용하지 않아야 합니다.

문장 대결

㉠ 우리 사회에는 아직도 소수자에 대한 차별이 많이 남아 있어.

49 침해 104쪽

초성 퀴즈

침해

끝말잇기

㉠ 침해 → 해당화 → 화장실 → 실내 → 내복 → 복장 → 장화 → 화요일

어휘 pick 글쓰기

㉠ 요즘 사생활 침해와 관련한 뉴스를 많이 볼 수 있다. 모두의 사생활은 존중되어야 하는데 다른 사람의 사생활을 침해하는 사람이 있다니 놀라웠다. 하지만 생각해 보니 나도 언젠가 남의 사생활을 침해했을지 모른다는 생각이 들었다. 친구의 핸드폰을 슬쩍 보는 것도 사생활 침해였다니, 많이 알고 지키기 위해 노력해야겠다.

문장 대결

㉠ 나의 권리를 침해당하지 않는 것도, 남의 권리를 침해하지 않는 것도 모두 중요해.

50 편견 106쪽

초성 퀴즈

편견

편견 찾아내기

편견 일기 쓰기

㉠ 지난 3학년 체육 시간의 일이었다. 무거운 기구를 옮길 때 여자 아이들은 힘이 약할 것이라고 생각하여 "내가 들게! 너희는 힘이 약하잖아."라고 나름의 선의를 베풀었다. 그런데 그 친구들은 나에게 고맙다고 하는 것이 아니라 기분이 좋지 않았다고 했다. 여자라서 힘이 약하다고 무시를 당한 것 같았다는 것이다. 나의 선의가 남에게는 편견일 수 있다는 것을 깨달았다. 그리고 앞으로는 한 번 더 생각하고 말과 행동을 해야겠다고 생각했다.

문장 대결

㉠ 편견을 없애기 위해서는 우리 모두가 함께 노력해야 해.

1판 1쇄 펴냄 | 2023년 8월 25일

기 획 | 이은경
글 | 이은경·전예림
그 림 | 김재희
발행인 | 김병준
편 집 | 이현주·박유진
마케팅 | 김유정·차현지
디자인 | 김용호·권성민
발행처 | 상상아카데미

등록 | 2010. 3. 11. 제313-2010-77호
주소 | 서울시 마포구 독막로 6길 11(합정동), 우대빌딩 2, 3층
전화 | 02-6953-8343(편집), 02-6925-4188(영업)
팩스 | 02-6925-4182
전자우편 | main@sangsangaca.com
홈페이지 | http://sangsangaca.com

ISBN 979-11-85402-96-3 (64080)